FUßBALL HACKS

Die Tricks der Profis

Das große Fußball Buch für alle Fußballer von morgen – Alles über das richtige Training, Tricks, Dribbeln, Mindset uvm.!

Camill Hauser

Bibliografische Information der Deutschen Nationalbibliothek.

Die Deutsche Nationalbibliothek verzeichnet diese Publikation in der Deutschen
Nationalbibliografie; detaillierte bibliografische Daten sind im Internet
über http://dnb.dnb.de abrufbar.

Für Fragen und Anregungen:
info@eulogiaverlag.de

ISBN Print: 978-3-96967-236-5
ISBN E-Book: 978-3-96967-237-2

Originale Erstausgabe 2022

Eulogia Verlags GmbH
Gerhofstraße 1–3
20354 Hamburg

Lektorat: Ramon Thorwirth
Satz und Layout: Tomasz Dębowski
Umschlaggestaltung: Aleksandar Petrović

FUßBALL HACKS

Die Tricks der Profis

EULOGIA
VERLAG

Inhaltsverzeichnis

1. Vorwort 5
   Wie du dieses Buch einsetzt 7

2. Die Basics am Ball 8
   2.1 Passspiel 9
      2.1.1 Flachpass Innenseite 9
         Ausführung 9
         Übungen allein 11
         Übungen mit Partner 13
      2.1.2 Außenristpass 14
      2.1.3 Flugball 15
         Ausführung 15
         Übungen 16
      2.1.4 Englischer Ball 17
         Ausführung 17
      2.1.5 Flanke 18
         Ausführung 19
         Übungen 20
   2.2 Ballan- und -mitnahme 22
      2.2.1 Einen hohen Ball annehmen 22
      2.2.2 Brustannahme 23
      2.2.3 Übungen zur Ballan- und -mitnahme 25
   2.3 Zweikampf 28
      2.3.1 Tipps 28
      2.3.2 Übungen 34
   2.4 Dribbling 36
      2.4.1 Tipps 36
      2.4.2 Schneller mit dem Ball werden 38
      2.4.3 Übungen Dribbling 40

2.5 Ballbeherrschung ... 42
2.5.1 Stufe 1 ... 42
2.5.2 Stufe 2 ... 43
2.5.3 Stufe 3 ... 44
2.5.4 Stufe 4 ... 45
2.6 Torschuss ... 46
2.6.1 Technik für einen starken Schuss ... 46
2.6.2 Tipps für den Torabschluss ... 47
2.6.3 Übungen ... 48
Übungen allein ... 48
Übungen mit Partner ... 49
2.7 Handlungsschnelligkeit ... 51
2.7.1 Tipps, um dein Spiel schneller zu machen ... 51
2.7.2 Übungen mit Partner ... 52
2.8 Kopfball ... 56

3. Deine Position ... 59
3.1 Die richtige Position finden ... 59
3.2 Innenverteidiger ... 61
3.2.1 Eigenschaften ... 61
3.2.2 Übungen ... 62
3.3 Außenverteidiger ... 65
3.3.1 Eigenschaften ... 65
3.3.2 Übungen ... 66
3.4 Zentraler Mittelfeldspieler ... 68
3.4.1 Eigenschaften ... 68
3.4.2 Tipps ... 69
3.4.3 Übungen ... 70
3.5 Flügelspieler ... 71
3.5.1 Eigenschaften ... 72
3.5.2 Übungen ... 74
3.6 Stürmer ... 77
3.6.1 Eigenschaften ... 77
3.6.2 Übungen ... 79

4. Tricks ... 80

4.1 So lernst du Tricks am besten ... 81

4.2 Die besten Tricks fürs Spiel ... 82

4.2.1 Tricks frontal ... 83

4.2.2 Tricks an der Seitenlinie ... 91

4.2.3 Tricks mit dem Gegner im Rücken ... 95

5. Fitness ... 100

5.1 Krafttraining ... 100

5.1.1 Die Benefits von Krafttraining ... 101

5.1.2 Wann kann man mit Krafttraining anfangen? ... 104

5.1.3 Die Grundprinzipien ... 104

5.1.4 Wie das Krafttraining einbauen? ... 105

5.1.5 Übungen ... 107

Übungen mit dem eigenen Körpergewicht ... 108

Übungen mit Geräten ... 121

5.2 Ausdauertraining ... 126

5.3 Mobility ... 128

5.3.1 Meine Mobility Routine ... 129

5.4 Schneller werden ... 134

6. Ernährung ... 138

6.1 Die Basics ... 138

6.2 Tipps für die Ernährung ... 141

6.3 Was essen vor und nach einem Spiel oder Training? ... 144

7. Spielen im Verein ... 146

7.1 Ausrüstung – Das muss in deine Sporttasche ... 146

7.2 Die perfekte Vorbereitung auf ein Spiel ... 148

7.3 Den richtigen Verein finden: eine wichtige Entscheidung ... 150

7.3.1 Tipps fürs Probetraining ... 151

7.3.2 Wann und wie zu einem professionellen Verein wechseln? ... 154

7.4 Berater ... 156

8. Motivation & Mindset ... 159
8.1 So wirst du auf dem Platz selbstbewusster ... 159
8.2 So wirst du zum Führungsspieler und unverzichtbar für dein Team ... 161
8.3 Das hätte ich selbst gern als Jugendspieler gewusst ... 163
8.4 Eigenschaften, die dich als Fußballer weiterbringen ... 165
8.5 Wie mit Verletzungen und Rückschlägen umgehen ... 167
8.6 Motivationstipps fürs Einzeltraining ... 170

Bonus: Freestyle ... 172
Around the World ... 173
Neck Stall ... 174
Knee Catch Combo ... 176
360 Turn ... 178
Push Pop ... 180

1. Vorwort

Du bist ein leidenschaftlicher Fußballer und möchtest endlich mehr aus deinem Potenzial machen? Du bist den ganzen Tag in Gedanken auf dem Fußballplatz und das normale Mannschaftstraining reicht dir nicht mehr? Am liebsten würdest du noch mehr tun, um deine Performance auf dem Platz zu verbessern, weißt aber nicht, wie und wo du überhaupt anfangen sollst? Dann geht es dir wie mir früher als junger Kicker in einem kleinen Verein. Genau für die Jungs und Mädchen, die ähnlich motiviert sind, wie ich es war, denen aber eine Anleitung, ein roter Faden fehlt, habe ich dieses Buch geschrieben.

Mein Name ist Camill Hauser und mein ganzes Leben dreht sich um den Fußball. Als Jugendlicher war der Fußballplatz der Ort, an dem ich mich immer am wohlsten gefühlt habe, wo ich ganz in meinem Element war. Mir hat dabei nicht nur der Mannschaftsaspekt gefallen, sondern auch besonders der individuelle Teil des Spiels und das Konzept der Selbstverbesserung durch Training. Diese Faszination hat mich dazu gebracht, auch allein, nur mit meinem Fußball, zu üben. Irgendwann begann ich, mich auf Tricks zu konzentrieren und wurde so zu einem der ersten Fußball-Freestyler in Deutschland und wenig später zu einem der besten in Europa. Ich übte stundenlang neue Fußballtricks und präsentierte diese dann auch bald auf Showbühnen und in Fernsehspots. Nach einem Beinbruch, den mir der gegnerische Torwart in meinem letzten Jugendspiel zugefügt hatte, kehrte ich erst mal nicht mehr auf den Platz zurück, sondern konzentrierte mich auf meine Karriere als professioneller Fußball-Freestyler.

Trotzdem blieb ich natürlich auch immer dem „klassischen" Fußball verbunden. Ich begleitete meine drei jüngeren Brüder auf ihrem Weg in den professionellen Fußball. Eine kurze Zeit als Trainer an der Seitenlinie, aber vor allem die ganze Zeit über auf dem Trainingsplatz, um zusätzlich zum Mannschaftstraining die individuelle Technik, Koordination und Ballkontrolle zu perfektionieren.

Währenddessen begann ich erste Fußballvideos für YouTube zu produzieren. Dort gebe ich Tipps und Tricks aus meinen eigenen Erfahrungen weiter. Verbunden mit meinen Learnings aus endlosen Recherchen zu allen Themen, die einen Fußballer betreffen, ist über die Jahre ein großer Fundus an Videos mit Millionen von Aufrufen entstanden. Gleichzeitig konnte ich als Individualtrainer und Trick-Coach zahlreichen Jungs und Mädchen helfen, sich zu verbessern. Die Idee meiner Videos war immer, jungen Fußballern oder auch Trainern den Input zu geben, den ich selbst gern früher bekommen hätte.

Denn als Jugendspieler – das weiß ich heute – hatte ich durchaus Potenzial, mehr zu erreichen. Eine starke Athletik, eine gute Motorik und ein sehr ordentliches Ballgefühl. Grundlagen, die ausreichen, um zumindest auf einem sehr guten Niveau mitzuspielen. Warum

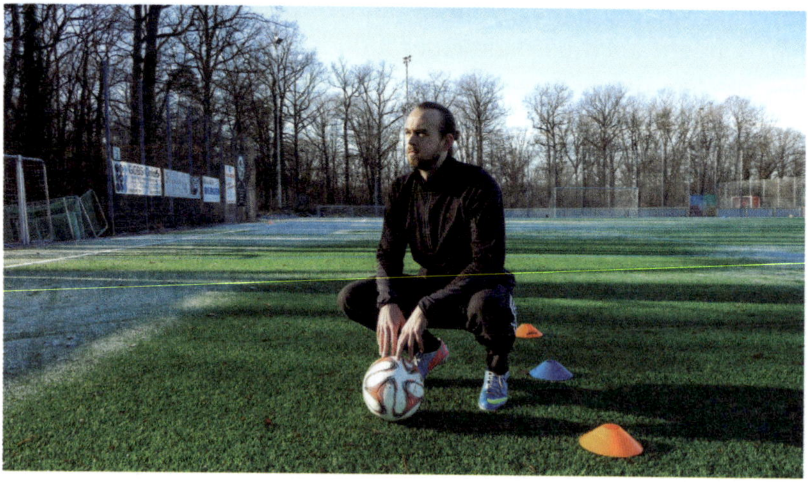

hat es dann aber nicht so richtig funktioniert, mit meiner Karriere durchzustarten, obwohl ich mir nichts mehr gewünscht habe? Unter anderem hat mir damals ein Anstoß gefehlt, den ich dir auch mit diesem Buch geben will. Ich freue mich, dass du dabei bist, und bin überzeugt, dass du hiermit ein Fundament für deine persönliche Entwicklung als Fußballer bekommst.

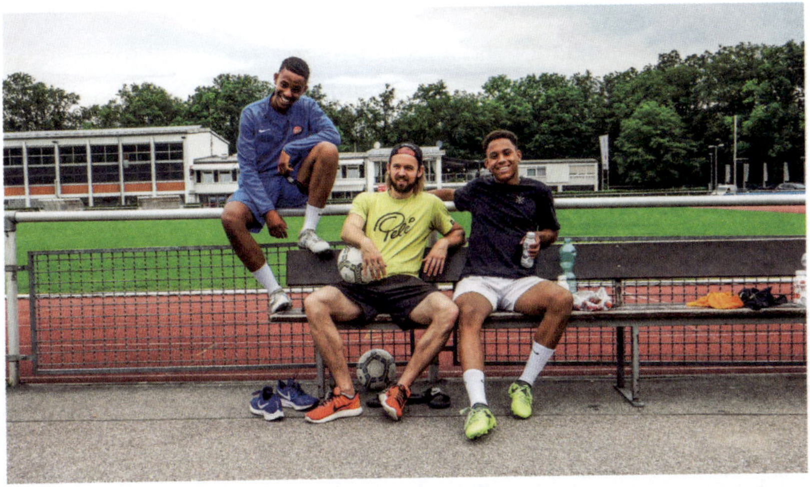

Wie du dieses Buch einsetzt

Dieses Buch ist eine Mischung aus Theorie und Praxis. Du kannst darin schmökern oder dir konkrete Übungen und Tipps raussuchen und diese umsetzen. Die Kapitel sind in sich abgeschlossen. Du kannst also direkt zu einem Thema springen, das dich besonders interessiert oder bei dem du dich aktuell verbessern möchtest. Es lohnt sich, alle Kapitel zu lesen, auch wenn du in manchen Bereichen schon gut aufgestellt bist. Es kann immer sein, dass du noch einen wichtigen Tipp mitnehmen kannst. Auch eine kleine Veränderung kann am Ende den Unterschied ausmachen.

2. Die Basics am Ball

Fußball ist eine unglaublich vielseitige Sportart. Ein Ball (oder etwas Ähnliches) reicht schon und man kann direkt loslegen. Diese Einfachheit ist der Grund, warum ich und der größte Teil der Welt diesen Sport so lieben. Es gibt kaum ein vergleichbares Spiel, in dem die physische Kraft verbunden wird mit dem nötigen Ballgefühl und einer besonders feinen Technik, die jahrzehntelang trainiert werden kann. Im ersten Kapitel beschäftigen wir uns mit Letzterem und analysieren die verschiedenen individuellen Situationen, bei denen du im Spiel am Ball bist: die Basics des Fußballspiels.

In jedem Abschnitt zu den Basics werden wir erst die Theorie durchgehen, die verschiedenen Varianten anschauen und dann übergehen zu den besten Übungen, um an diesem Element zu arbeiten. Beachte, dass es natürlich zu jedem Kriterium eine unendliche Anzahl an Übungen mit verschiedenen Varianten gibt. Ich stelle die meiner Meinung nach effektivsten Übungen vor, welche je nach Kapitel umfangreicher oder elementarer ausfallen. Wenn du sie nachmachen willst, kannst du natürlich verschiedene Ausführungen ausprobieren oder kreativ werden und dir eigene Abwandlungen ausdenken. Wichtig war mir, auch Übungen auszusuchen, die du allein durchführen kannst, damit du so unabhängig, wie möglich bist. Natürlich ergeben sich aber zumindest schon mit einem Partner sehr viel mehr Möglichkeiten für hochwertigere Übungen. Darum sind auch immer Duo-Übungen mit dabei. Schnapp dir dafür einfach einen Kumpel, Teamkameraden, ein Geschwister- oder Elternteil und ihr habt direkt alle mehr vom Training.

2.1 Passspiel

Ein gut beherrschtes Passspiel ist neben der Ballan- und -mitnahme die Grundlage für ein gutes Kombinationsspiel. Das ist es auch, was ein Spiel gemeinhin attraktiv werden lässt. Ein Spiel, bei dem der neutrale Zuschauer mit der Zunge schnalzt und das Team für seine hohe Spielkultur lobt. Man denke nur an das Barcelona-Team in der Guardiola-Ära. Jetzt fragst du dich vielleicht, wie man ausgerechnet das Passspiel individuell trainieren kann. Wir werden verschiedene Passtechniken anschauen, deren Technik du selbstverständlich auch allein erlernen kannst. Die Ausführung kannst du mit dem richtigen Set-up oder einem Partner durch viele Wiederholungen optimieren.

2.1.1 Flachpass Innenseite

Der flache Pass mit der Fußinnenseite ist der Pass, den du im Spiel am häufigsten benutzt. Diesen solltest du demnach perfekt in verschiedenen Stärken, also auf kürzere und längere Entfernungen beherrschen. Von den verschiedenen Passvarianten ist das Zuspiel mit der Innenseite die sicherste und genaueste.

Ausführung

Positioniere dich so zum Ball, dass du in die Richtung schaust, in die du passen möchtest, und dass du dich frontal zum Ball orientierst. Stelle deinen Standfuß neben dem Ball ab, die Fußspitze sollte ebenfalls in die Richtung zeigen, in die du passt. Dein Standbein bleibt im Optimalfall leicht gebeugt. So hast du noch mehr Kontrolle über deine Bewegung. Besonders wichtig ist, dass du dein Sprunggelenk fixierst, damit du deinen Fuß stabil hältst und dieser nicht abknickt. Öffne dein Bein in der Hüfte und spiele den Ball mit deiner offenen Fußinnenseite senkrecht zur Passrichtung. Triff den Ball möglichst horizontal und vertikal in der Mitte. Triffst du ihn zu weit oben, wird ein Teil deiner Kraft im Boden verpuffen. Triffst du ihn zu weit unten, wird der Ball eher nach oben fliegen. Ziel ist es, dass der Ball mit möglichst reibungslosem Kontakt über den Boden rollt. Schwinge dein Bein weiter durch, um mehr Kraft in deinen Pass zu legen und eine höhere Distanz zu überbrücken. Wenn du einen Ball direkt spielst, also während der Ball sich in deine Richtung bewegt, wirst du weniger Kraft benötigen.

Natürlich wirst du in einem Spiel nicht immer komplett alle Punkte erfüllen können, da du nicht die Zeit hast, deinen Körper komplett auf den Ball einzustellen. Aber das Ziel sollte sein, dich möglichst gut zum Ball zu positionieren, um so einen sicheren Pass spielen zu können.

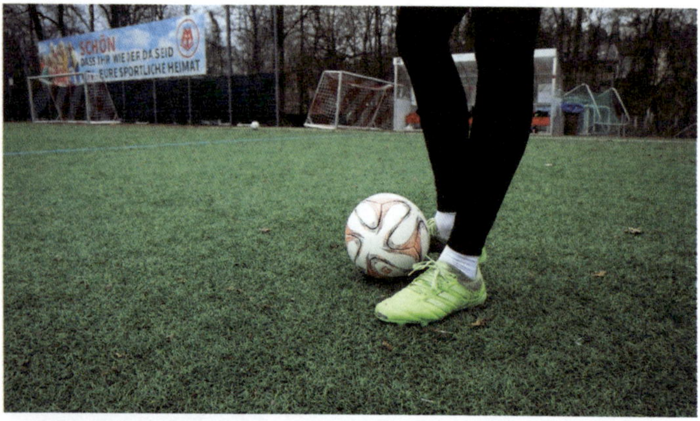

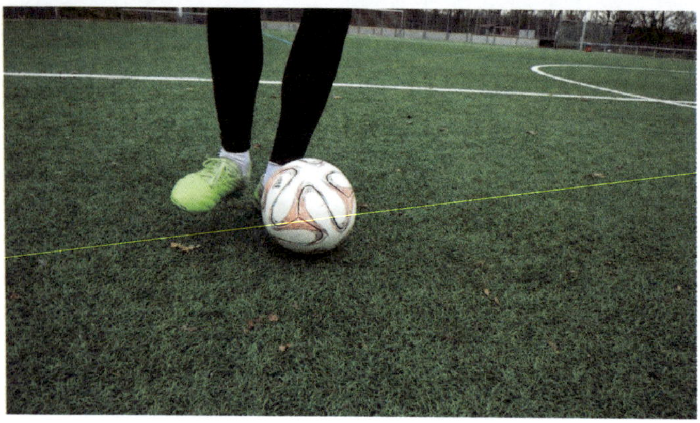

Übungen allein

Wandpässe

Der effektivste Weg, das Passspiel allein zu trainieren, ist mithilfe einer Wand. Wenn du keine passende Wand auf Anhieb findest, musst du hier kreativ werden. Alternativ tut es auch eine Bande oder beispielsweise eine umgelegte Bank. Die Ausführung ist simpel: Spiele den Ball gegen die Wand. Achte dabei darauf, dass der Ball möglichst gerade gespielt wird, du dich dabei also wenig nach links und rechts bewegen musst und der Ball sauber über den Boden rollt und keine Sprünge macht. In der Ausführung gibt es zahlreiche Varianten. Beginne mit einem Abstand von ca. 5 Metern, abhängig vom Widerstand deiner Wand und dem Untergrund. Hier mit einer sinnvollen Abfolge als Steigerung:

1. Beginne damit, den Ball immer nur mit demselben Fuß zu spielen. Erst mit deinem starken Fuß, dann mit dem schwachen. Achte darauf, dass du dich immer wieder gut zum Ball positionierst.
2. Stoppe den Ball, bevor du ihn wieder gegen die Wand passt.
3. Passe den Ball direkt. Achte dabei besonders auf die richtige Stärke, sodass du den Ball beim Passen noch kontrollieren kannst.

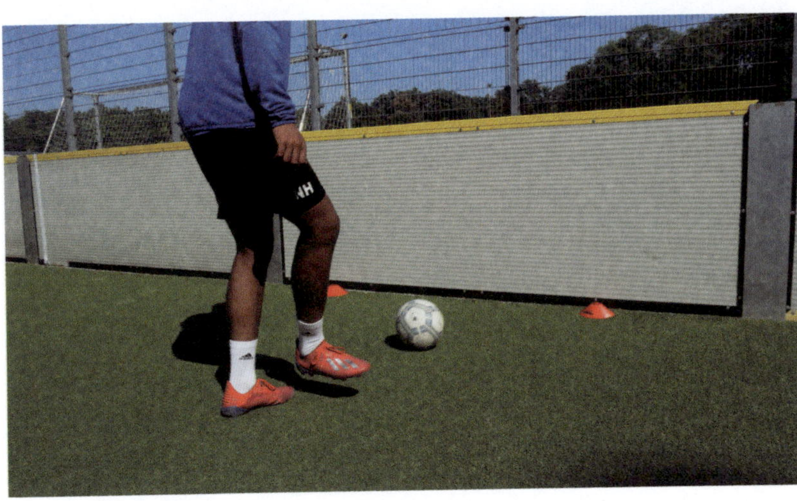

4. Spiele den Ball abwechselnd mit links und rechts.
5. Spiele den Ball mit einem sehr kurzen Abstand, ca. 1 m, von der Wand. Versuche dabei, zwischen abwechselnden Füßen und mehreren Pässen hintereinander mit demselben Fuß zu variieren.
6. Bewege dich beim Passen der Wand entgegen und, wenn du nah dran bist, wieder zurück.

L-Pässe mit der Wand

Eine extrem effektive Übung, in der Beidfüßigkeit und eine richtige Positionierung zum Ball gefordert wird. Dafür ist das Set-up etwas schwieriger zu bewerkstelligen, denn dafür brauchst du zwei Wände, die im 90-Grad-Eck zueinanderstehen. Stelle dich so hin, dass du zu beiden Wänden den gleichen Abstand hast. Passe mit dem linken Fuß gegen die Wand zu deiner Rechten. Wenn der Ball zurückkommt, stoppst du ihn wieder mit dem linken Fuß. Orientiere dich beim Stoppen des Balles so, dass du im Anschluss mit deinem rechten Fuß gegen die Wand zu deiner Linken passen kannst und den zurückkommenden Ball entsprechend wieder mit der rechten Innenseite stoppst. Diese Übung lässt sich auch gut mit einem Partner ausführen, der hier eine Wand ersetzen kann.

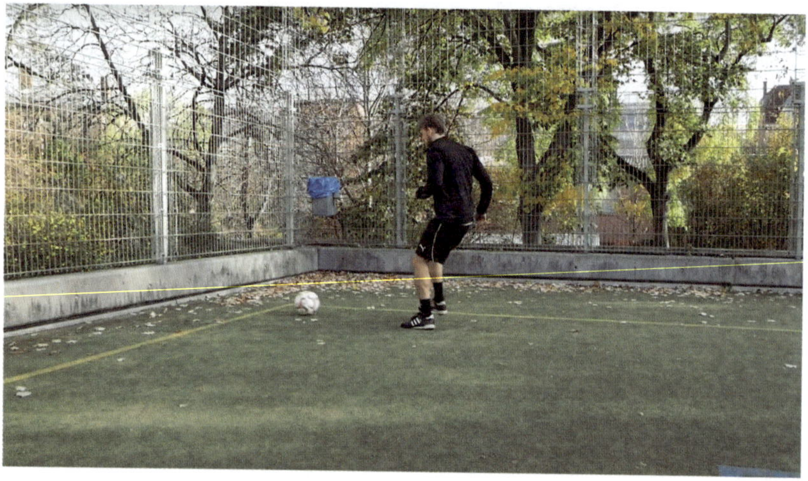

Übungen mit Partner

Direktpässe

Stelle ein Hütchen direkt vor dir auf. Dein Partner befindet 4 bis 10 m von dir entfernt. Passt euch den Ball mit Direktpässen zu. Wechsle dabei zwischen linkem und rechtem Fuß ab und passe die Bälle auf der jeweiligen Seite möglichst nah neben dem Hütchen zurück. Mache kleine Schritte, um jeweils auf die andere Seite des Hütchens vor dir zu kommen.

Mehrfache Direktpässe

Stelle eine Reihe von fünf Hütchen mit einem Abstand von ungefähr zweieinhalb Fußlängen nebeneinander auf. Dein Partner steht wenige Meter entfernt von der Hütchenreihe. Bewege dich mit seitlichen Schritten nah hinter der Hütchenreihe von einem Ende zum anderen. Passe den Ball direkt immer zwischen den Hütchen zu deinem Partner und dieser dann durch die nächste Lücke zurück. Wenn du dich nach rechts bewegst, spielst du den Ball immer mit rechts. Außen angekommen gehst du ohne Zwischenstopp in die andere Richtung über und spielst den Ball immer mit links.

Seitliche Direktpässe

Laufe mit deinem Partner nebeneinander in einem Abstand von 3 bis 10 m in dieselbe Richtung. Spielt euch den Ball im Laufen direkt zu. Die Blickrichtung sollte dabei tendenziell nach vorn gerichtet sein, ihr spielt euch den Ball also eher in einer seitlichen Körperhaltung zu. Spiele den Ball immer mit deinem äußeren Fuß, wenn du also beispielsweise auf der rechten Seite läufst, spielst du den Ball mit rechts. Am Ende des Platzes angekommen, dreht ihr um, lauft in die andere Richtung und spielt den Ball jeweils mit dem anderen Fuß. Variiert dabei auch unbedingt mit dem Abstand, um so ein Gefühl für unterschiedliche Passstärken zu bekommen.

2.1.2 Außenristpass

Der Außenristpass ist technisch sehr anspruchsvoll, kann dafür aber auch spektakulär aussehen, beispielsweise bei Experten wie Mats Hummels oder Ricardo Quaresma, die damit schon zahlreiche Traumtore erzielt haben. Mit der Außenseite kann man dem Ball bei weiten Pässen auch leichter ein Effet mitgeben, sodass der Ball in einem Bogen fliegt. Du kennst sicher den Drall, wenn der Ball seitlich angeschnitten wird. Häufig wird er benutzt, um einen Pass mit dem schwachen Fuß zu umgehen. Als Anfänger solltest du dieses Umgehen vermeiden und dich eher darauf konzentrieren, genügend Selbstvertrauen in deinen schwachen Fuß zu bekommen. Trotzdem gehört der Pass mit der Außenseite natürlich zu den essenziellen Passtechniken und ist in vielen Situationen eine gute Wahl. Etwa wenn du dich im vollen Lauf befindest, du nicht genügend Zeit hast, dich anders zum Ball zu stellen und du mit einer natürlich Beinbewegung den Ball nur mit der Außenseite spielen kannst. Oder wenn du den Ball am Fuß hast und ihn mit einem seitlichen Stoß schnell zu deinem Mitspieler bringen willst.

Für einen Effetpass triffst du den Ball ungefähr an der Stelle, an der dein kleiner Zeh ansetzt, und schwingst dein Bein nach dem Pass durch. Im Gegensatz zum Pass mit der Innenseite brauchen wir

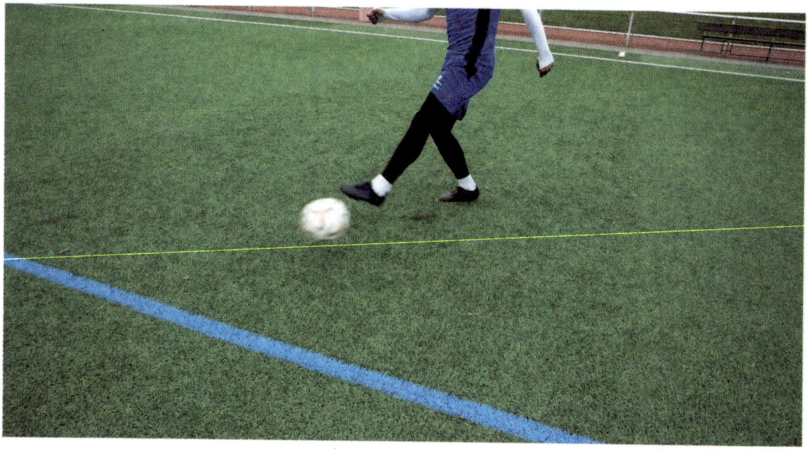

etwas mehr Raum. Das bedeutet, dein Standbein steht seitlich etwas weiter weg vom Ball und auch etwas nach vorn versetzt, sodass der Ball vor dir liegt.

Wenn du diese Technik üben willst, kannst du dir ein Ziel nehmen und dieses mit dem Außenristpass anvisieren. Sobald du für eine Entfernung ein gutes Gefühl hast, erhöhst du diese.

Das Effet kannst du üben, indem du von der Grundlinie aus, beispielsweise von der rechten Seite, mit dem rechten Außenrist versuchst, ins Tor zu treffen. Dabei musst du also den Ball um den kurzen Pfosten drehen. Senke den Schwierigkeitsgrad, indem du dich weiter von der Grundlinie weg ins Feld stellst. Wenn du besser wirst, kannst du dich immer weiter Richtung Grundlinie bewegen. Experten in dieser Technik schaffen es sogar, den Ball von hinter der Grundlinie ins Tor zu befördern.

2.1.3 Flugball

Dieser Pass ist besonders wichtig für zentrale Mittelfeldspieler und Verteidiger, um möglichst viel Raum zu überspielen. Wer diesen langen und hohen Pass perfekt beherrscht, sind beispielsweise Toni Kroos oder Kevin de Bruyne. Der Ball hat dabei meist einen leichten Rückwärtsdrall und fliegt in einem Bogen.

Ausführung

- Um genug Kraft hinter den Ball zu bekommen, brauchst du ein paar Schritte Anlauf. Dieser sollte relativ gerade sein.
- Setze dein Standbein im Vergleich zum flachen Pass etwas weiter neben und auch weiter vor dem Ball ab, damit er höher fliegen kann. Das Standbein ist leicht gebeugt.
- Dein Körper ist leicht zur Seite gebeugt. Hole viel Schwung und nimm dabei auch deinen Arm zur Balance mit.
- Dein Schussbein ist durchgestreckt. Dein Fuß ist ausgestreckt und leicht nach vorn eingedreht. Halte dein Bein und das Sprunggelenk auch hier wieder fixiert.

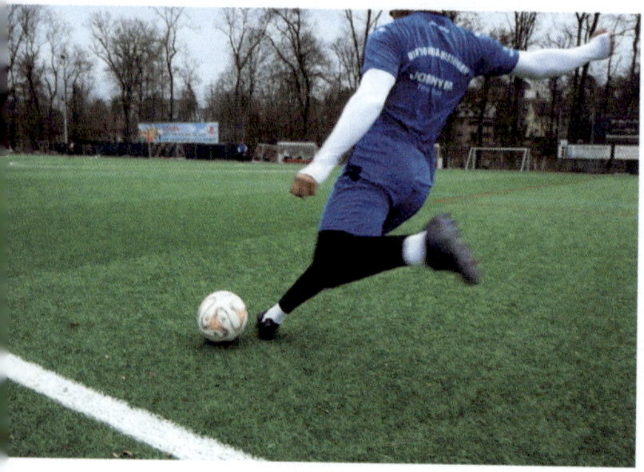

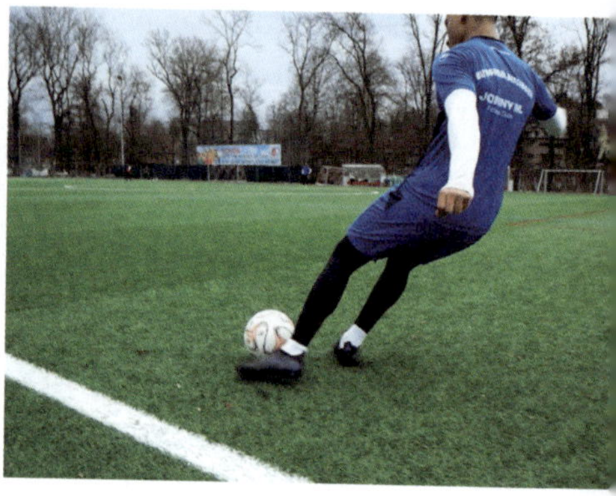

- Triff den Ball unterhalb seiner Mitte mit dem seitlichen Spann deines Fußes.
- Ziehe dein Schussbein nicht unbedingt ganz durch, sondern stoppe im Boden ab, wenn du den Ball geschlagen hast. Das verstärkt den Rückwärtsdrall des Balles und der Empfänger kann diesen leichter kontrollieren.

Übungen

Den Flugball allein zu üben, ist naturgemäß leider nicht die einfachste Sache. Such dir dafür am besten immer einen Partner und möglichst viel Platz. So könnt ihr euch gegenseitig die Bälle zuspielen und eure Technik verfeinern. Ein Variante dabei ist, lange Bälle in den Lauf zu spielen. So bekommt man noch ein besseres Gefühl für das richtige Timing, also wie lange der Ball in der Luft ist und wohin er gespielt werden muss.

Wenn du den Flugball allein üben willst, habe so viele Bälle wie möglich dabei. Lege die Bälle zur Übung in einer Reihe auf und setze dir ein erhöhtes Ziel, beispielsweise die Latte eines Tores zu treffen. Beginne mit einem Abstand auf Höhe der Strafraumgrenze und erhöhe den Abstand mit jedem Durchgang. Wenn du die Technik übst, konzentriere dich auf die richtige Ausführung und lasse dir vor jedem Schuss Zeit, die Technik richtig umzusetzen. Passe diese

Technik nach einem weniger gelungenen Versuch an. Überlege dir dafür, warum der Ball nicht so geflogen ist, wie du es dir vorgestellt hast, und korrigiere dementsprechend noch mal. Ist der Ball beispielsweise nicht hoch genug geflogen, kann es ein möglicher Faktor sein, den Ball weiter unten zu treffen.

2.1.4 Englischer Ball

Der englische Ball ist ein Mittelweg zwischen einem flachen Pass und dem Flugball. In der technischen Durchführung ähnelt er vor allem Letzterem und stellt so in der Praxis einen maximal halbhohen Flugball dar. In perfekter Ausführung fliegt der Ball knapp über der Grasnarbe zum Mitspieler und lässt das Herz von Fußballästheten höherschlagen.

Der Vorteil gegenüber dem hohen Flugball ist, dass dieser Pass weniger lange in der Luft ist und somit schneller beim Mitspieler ankommt. Er ist außerdem besonders wichtig für Defensivspieler und wird angewendet, wenn man eine schnelle Spielverlagerung einleiten will oder einen scharfen, tödlichen Pass durch die Schnittstelle spielen möchte.

Ausführung

Die Technik unterscheidet sich nur in wenigen Punkten vom hohen Flugball:

- Dein Anlauf kommt etwas mehr von der Seite. Lege dir dafür den Ball ungefähr in einem 45-Grad-Winkel vor.
- Dein Standbein platzierst du weiter hinten. Das sorgt für eine geringere Flughöhe des Balls.
- Die erreichst du außerdem noch, indem du den Ball mehr in seinem Zentrum oder nur leicht unterhalb der Mitte triffst.
- Schwinge dein Bein durch, bringe den Fuß aber trotzdem wieder schnell mit dem Boden in Kontakt.

Die Körperhaltung sowie das gestreckte Bein sind dem Flugball hingegen sehr ähnlich. Auch die Herangehensweise an die Übungen kannst du aus dem Abschnitt des Flugballs entnehmen. Achte beim englischen Ball darauf, dass er so flach wie möglich über den Boden fliegt. Er kann auch einmal auf dem Boden aufkommen, bevor er bei deinem Mitspieler ankommt.

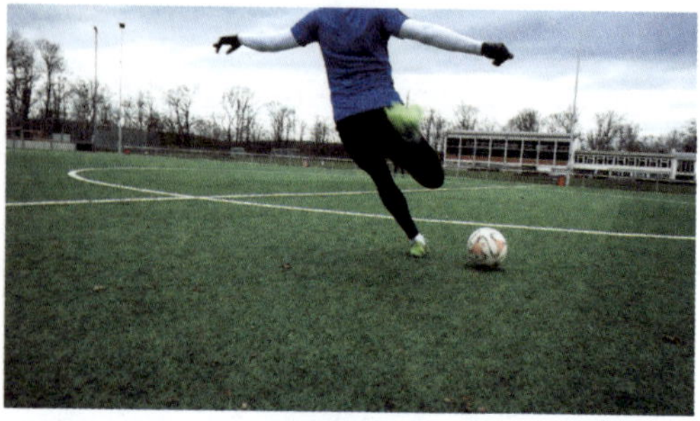

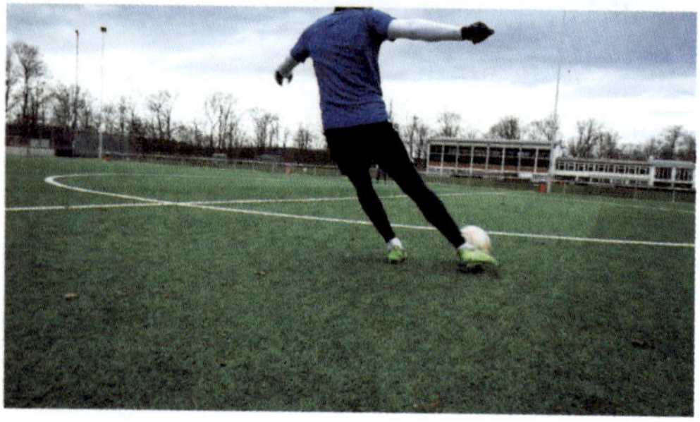

Schau dir dazu das Video auf YouTube an:

2.1.5 Flanke

Die Flanke gehört nicht klassischerweise zum Passspiel, da sie normalerweise nicht in das Kombinationsspiel integriert ist, sondern meist der Abschluss einer Passstafette ist. Dennoch hat sie selbstverständlich das Ziel, beim Mitspieler anzukommen. Meist wird die Flanke in den Strafraum geschlagen, sodass der Stürmer sie mit einem Kontakt verwerten und ein Tor erzielen kann.

Es gibt viele verschiedene Arten von Flanken und in ihrer Technik ist der Übergang zu einem Flugball fließend. Ich konzentriere mich hier auf die klassische Flanke, die man am häufigsten sieht. Ein scharfer hoher Ball, der von einer Seite des Platzes in den Strafraum geschlagen wird und dessen Flugbahn eine Kurve beschreibt. In dieser Flanke sollte einiges an Kraft stecken, sodass der Stürmer im Strafraum nur noch den Kopf oder einen Fuß hinhalten muss, damit eine gefährliche Torchance entsteht. Tolle Beispiele dafür kannst du bei David Raum oder wieder bei Kevin de Bruyne sehen.

Ausführung

- Der Anlauf mit wenigen Schritten verläuft in einem leichten Bogen.
- Platziere den Fuß leicht vor und neben dem Ball versetzt.
- Triff den Ball in der Mitte bzw. leicht unterhalb davon mit dem vorderen Teil des Innenrists. Ungefähr mit dem Teil des Knochens, wo dein großer Zeh ansetzt.
- Anders als beim Flugball schwingst du mit deinem Bein durch und bewegst deinen Fuß am Ball entlang leicht nach oben. Dadurch bekommt der Ball seinen Spin.
- Wenn du mit der Technik vertraut bist, ist es wichtig, dass du, bevor du den Ball triffst, noch mal den Kopf hochnehmen kannst und dir einen Überblick verschaffst, wie die Situation im Strafraum ist. Die Flanke sollte so kommen, dass der Stürmer in den Ball hineinlaufen kann.
- Damit die Flanke gefährlich wird, sollte sie so kommen, dass der vorderste Verteidiger und der Torwart sie nicht erreichen können.

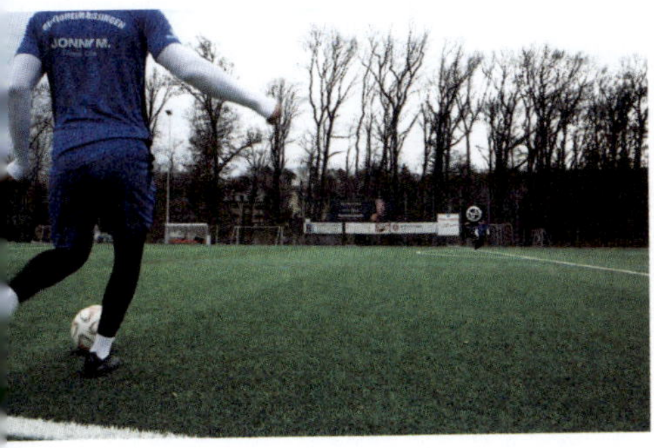

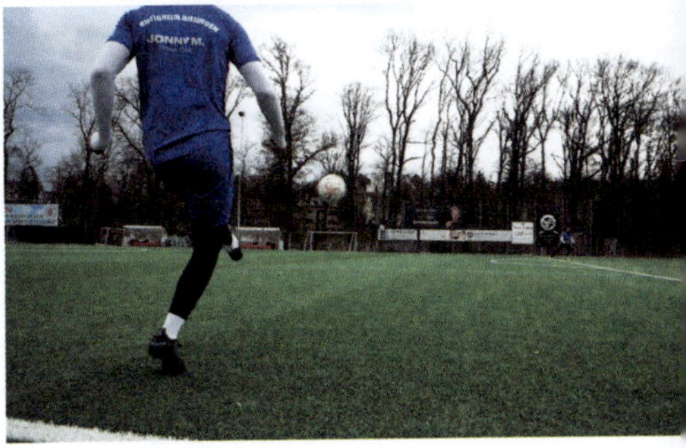

Übungen

Grundsätzlich kann man jede Übung mit einem Flankenball am Ende kombinieren, ob mit einer Passkombination davor, einem Dribbling oder einem Zweikampf. Ich stelle die verschiedenen Varianten vor, die man abdecken sollte, wenn man sich in einer Einheit ganz auf das Flanken konzentrieren will:

- Flanken mit einem ruhenden Ball: Hier kannst du dich ganz auf die Technik und die richtige Ausführung konzentrieren. Abgesehen von Freistößen gibt es diese Situationen eher selten im Spiel.
- Flanken aus dem Lauf: Meistens wirst du nicht die Zeit haben, um deine Flanke ganz in Ruhe ausführen zu können, sondern du wirst sie aus vollem Laufe schlagen. Dabei kannst du dich langsam steigern. Laufe im höchsten Tempo die Seitenlinie entlang und schlage zuerst die Flanke nur in den Strafraum. Und zwar so, dass sie mit ähnlich viel Kraft wie ein Schuss nicht zu hoch und nicht zu flach kommt.

  Wenn das gut klappt, versuchst du als nächstes einen Überblick zu behalten beim Flanken. Der Ball soll ja bei deinem Stürmer ankommen. Schau darum, bevor du die Flanke schlägst, einmal kurz nach oben und ziele auf einen bestimmten Punkt, am besten auf einen Partner, wenn du einen dabeihast. Um den Anlauf noch weiter anzupassen, kannst du beispielsweise vor der Flanke einen Trick, eine Finte oder ein Dribbling durch Hütchen einbauen.

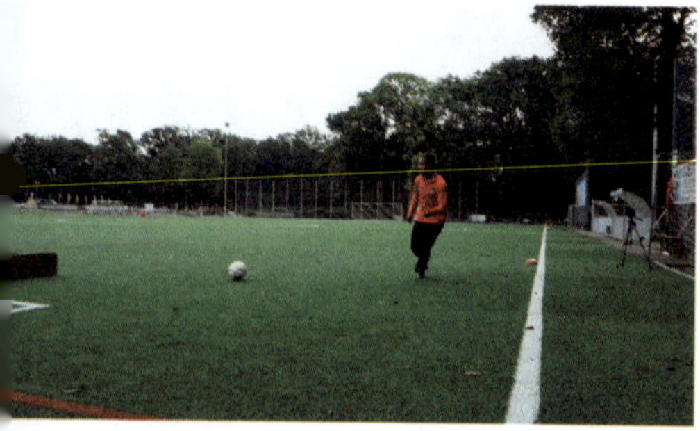

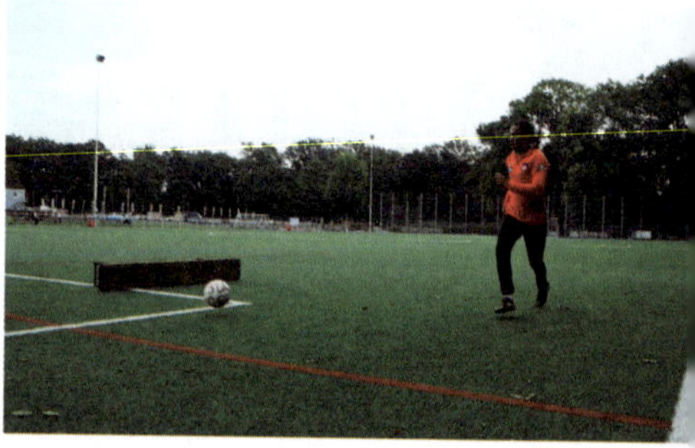

- Flanken direkt nehmen: Dafür brauchst du einen Partner oder eine Prellwand. Lass dir von deinem Partner oder von dir selbst einen Ball in den Lauf spielen, den du nur noch maximal einmal vorlegst, bevor du die Flanke schlägst.
- Mit einem Abnehmer in der Mitte: Die Offensivspieler, die deine Flanke abnehmen sollen, stehen praktisch nie still im Strafraum und warten auf einen Ball. Normalerweise ist das Spiel in Bewegung und deine Mitspieler sind dabei, in den Strafraum zu laufen, wenn du zur Flanke ansetzt. Dafür ergibt es natürlich Sinn, ein Gespür dafür zu bekommen, wohin der Ball kommen muss, damit der Stürmer den Ball bekommt, ohne abbremsen zu müssen. Kombiniere also die vorangegangenen Varianten mit einem Partner, der am besten nicht nur dasteht, sondern in den Strafraum reingelaufen kommt, um die Flanke dann direkt abnehmen zu können.
- Ein weiterer großer Teil sind inverse Flanken. Das bedeutet, dass du von der rechten Seite eine Flanke mit links schlägst und umgekehrt. Bisher haben wir nur den klassischen Fall einer Flanke aus dem Lauf von beispielsweise der rechten Seite mit dem rechten Fuß betrachtet. Der größte Unterschied bei diesen Flanken ist, dass die inverse Flanke mit Schnitt auf das Tor kommt. Im Gegensatz zur klassischen Flanke, wo sich der Ball durch den Spin eher vom Tor wegbewegt. Dadurch kann sich eine Torgefahr ergeben, wenn kein Spieler an den Ball kommt und dieser sich in das lange Toreck dreht. Vor allem bei ruhenden Bällen, also bei Ecken und Freistößen, wird gern auf eine inverse Flanke gesetzt und lohnt sich deswegen auch, geübt zu werden. Allerdings werden diese seltener aus vollem Lauf geschlagen, sondern eher, nachdem man mit dem Ball abgebremst hat, um beispielsweise einen Gegenspieler ins Leere laufen zu lassen.

2.2 Ballan- und -mitnahme

In der Einführung zum Passspiel wurde es schon erwähnt: Die Ballan- und -mitnahme ist die zweite große Zutat für das Fundament eines gelungenen Kombinationsspiels. Denn logischerweise musst du nicht nur präzise und mit der richtigen Stärke passen können, sondern auch in der Lage sein, Pässe anzunehmen und effektiv und zielorientiert zu verarbeiten. Im Englischen gibt es dafür den sprechenden Begriff „First Touch". Also die Qualität deiner ersten Berührung des Balls, den du durch ein Zuspiel oder aus einer anderen Spielsituation heraus bekommen hast. Der Ball sollte entweder bei der Annahme nicht vom Fuß wegspringen oder möglichst kontrolliert in eine Richtung mitgenommen werden. Bei dieser Qualität spricht man heute auch von einer guten Ballkontrolle. Wir schauen uns erst zwei besondere Techniken im Detail an und machen dann viele Übungen mit der klassischen Variante, dem Flachpass. Die Übungen dazu kann man als Fortführung der Passspielübungen sehen, die hier jetzt etwas anspruchsvoller werden.

2.2.1 Einen hohen Ball annehmen

Einen langen Ball aus der Luft zu stoppen, ist besonders anspruchsvoll und benötigt ein gutes Ballgefühl. Hier bekommst du einige Techniktipps:

- Verlagere dein Gewicht auf den Vorderfuß und gehe leicht in die Knie, um deinen Körperschwerpunkt niedrig zu halten.
- Benutze zum Ballstoppen eine möglichst weiche Fläche auf deiner Fußinnenseite.
- Halte deinen Fuß so, dass die Flugbahn des Balls senkrecht auf die Fläche trifft, mit der du den Ball annimmst. Da der Ball in einem Bogen kommen wird, bedeutet das, dass dein Fuß leicht unterhalb des Balls sein muss.
- Das Ballannehmen kannst du dir vorstellen wie das Fangen eines rohen Eis. Gehe mit deinem Fuß einen minimalen Weg mit dem

Ball mit, bzw. gib mit dem Fuß nach. Wenn der Ball stark kommt, kannst du deinen Fuß regelrecht nach hinten wegziehen.

- Wichtig ist auch, dass du dich richtig zum Ball positionierst. Mache dafür notwendige Schritte zum Ball hin oder weg und drehe dich zum Ball. Wenn du das Bein hebst, öffne deine Hüfte zum Ball.

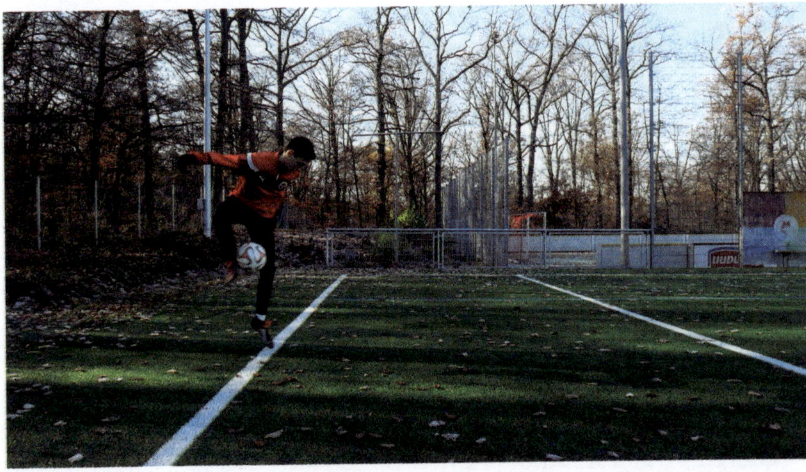

Einen langen Ball zu kontrollieren, trainierst du am besten im Zusammenspiel mit einem Partner beim Üben des Flugballs. Dabei kannst du dich auf beide Techniken konzentrieren: als Passgeber und -empfänger.

Schau dir dazu das Video auf YouTube an:

2.2.2 Brustannahme

Den Ball mit der Brust zu stoppen, ist auch eine wichtige Technik, die du regelmäßig im Spiel anwenden musst. Das Ziel bei der Brustannahme ist es, den Ball so schnell wie möglich wieder auf den Boden zu bringen, damit du ihn wieder mit den Füßen kontrollieren kannst.

Ich finde, die Bedeutung der Brustannahme wird gern mal unterschätzt und deshalb beim Techniktraining öfter vernachlässigt. Dabei kann es dir in den Situationen, in denen du den Ball mit der Brust stoppen musst, einen großen Vorteil bei der Ballkontrolle bringen, wenn du dir schon eine grundsätzlich sichere Brustannahme angeeignet hast.

Tipps für die richtige Technik:

- Positioniere dich richtig zum Ball. In den meisten Fällen bedeutet das, dass du dich so zum Ball stellst, dass dieser gerade auf deine Brust zufliegt. Gehe dabei in eine Schrittstellung mit leicht gebeugten Knien, damit du einen stabilen Stand hast.
- Ziehe die Schultern zurück und nimm die Arme angewinkelt nach hinten, so bekommst du eine Spannung auf die Brust.
- Gehe mit dem Oberkörper leicht nach hinten, wenn du den Ball annimmst, damit dieser nicht zu weit von deiner Brust abprallt, sondern von dieser nur leicht auf den Boden abtropft.
- Fliegt der Ball in einem hohen Bogen auf dich zu, wirst du dich automatisch weiter nach hinten lehnen müssen. Der Ball sollte trotzdem möglichst wenig von dir abprallen. Je flacher der Ball auf dich zufliegt, desto eher bist du auch in der Lage, mit der Brust über den Ball zu gehen. Wenn das möglichst ist, solltest du das machen, um den Ball noch schneller Richtung Boden zu bekommen.
- Bist du mit der Grundtechnik vertraut, kannst du dich daran machen, dem Ball eine Richtung mitzugeben. Dafür drehst du den Oberkörper beim Aufprall in die entsprechende Richtung. So fliegt der Ball nicht mehr gerade auf deine Brust, sondern prallt dort in einem Winkel ab. Durch deine Bewegung mit dem Oberkörper gibst du dem Ball noch etwas Kraft mit und er fliegt in die Richtung, in die du dich auch bewegen willst.

Wenn man mit der Brustannahme noch nicht vertraut ist, kann ein starker Ball bei einigen Fußballern Schmerzen verursachen. Ähnlich wie beim Kopfball sollte man aufpassen, dass dadurch keine Blockade entsteht. Auch deswegen sollte man sich beim Erlernen der Technik langsam steigern.

Du kannst damit beginnen, allein zu üben, indem du den Ball in die Luft wirfst und ihn mit der Brust annimmst. Die Höhe des Balls solltest du langsam steigern.

Natürlich wird es im Spiel eine Ausnahmesituation sein, dass du einen Ball aus der Luft annimmst, der komplett gerade herunterfliegt. Trotzdem kannst du so schon mal ein grundlegendes und gutes Ballgefühl mit dem Oberkörper bekommen. Um möglichst spielnah zu üben, solltest du dich alsbald mit einem Partner zusammentun. Beginnt damit, dass dein Partner dir die Bälle aus der Hand zuwirft. Variiert dabei mit der Entfernung, Höhe und der Stärke des Wurfs. Die nächste Stufe ist dann, Flugbälle mit der Brust anzunehmen.

Wenn das Ballgefühl im Oberkörper da ist, übt man die Brustannahme am besten noch mit einer anschließenden Aktion. Dafür eignet sich beispielsweise ein Torschuss gut. Spielt einen Pass oder werft den Ball und versuche nach der Brustannahme schnell zum Abschluss zu kommen. Stehe dabei in verschiedenen Richtungen zum Tor. Ziel sollte sein, dass der Ball möglichst schnell verarbeitet wird. Setze dir dafür beispielsweise als Ziel, nach der Ballannahme mit zwei oder drei Kontakten zum Abschluss zu kommen.

2.2.3 Übungen zur Ballan- und -mitnahme

Wandpässe

Hier erweitern wir die Passübungen mit der Wand. Das Set-up ist also dasselbe wie dort beschrieben. Für die Übungen brauchst du Hütchen oder andere Markierungen. Die nachfolgenden Varianten steigern sich langsam in ihrem technischen Anspruch.

- Ballmitnahme Innenseite: Platziere ein Hütchen in wenigen Metern Abstand zur Wand, du stehst hinter dem Hütchen mit

Blick auf die Wand. Spiele den Pass an einer Seite des Hütchens vorbei gegen die Wand und spiele den zurückkommenden Ball mit einer gefühlvollen Berührung mit der Innenseite desselben Fußes rüber auf die andere Seite des Hütchens. Dort derselbe Ablauf mit dem anderen Fuß.

Hier ist es wichtig, den Ball mit der richtigen Stärke mitzunehmen. Ziel ist es, einen guten flüssigen Bewegungsablauf zu bekommen und so wenig Zwischenschritte wie möglich zu machen. Um in einen solchen Rhythmus zu kommen und die Bewegungen effizient umzusetzen, ist das richtige Gefühl bei der Ballannahme nötig.

Für diesen Aufbau gibt es noch drei Varianten:

- Bei der ersten nimmst du den Ball statt mit der Innenseite mit der Außenseite des anderen Fußes rüber. Das heißt, spielst du den Ball mit dem rechten Fuß gegen die Wand, nimmst du ihn mit der linken Außenseite rüber und auf der anderen Seite entsprechend umgekehrt.
- Du ziehst den Ball mit der Sohle des Passfußes auf die andere Seite. Dazu stoppst du den ankommenden Ball mit der Sohle und ziehst ihn, ohne abzusetzen, auf die andere Seite. Je sicherer du dabei wirst, desto kürzer wird die Stoppzeit des Balls.
- Die letzte Variante dieses Aufbaus: Führe den ankommenden Ball mit der Innenseite des Passfußes hinter deinem Standbein vorbei auf die andere Seite. Hier ist eine richtig koordinierte Beinarbeit nötig, um dir mit deinen Füßen nicht selbst in den Weg zu kommen. Mit einigen Versuchen kriegst du hier einen guten Bewegungsablauf für dich raus.
- Für die nächste einfache Übung ist es nicht schlecht, wenn du etwas mehr Platz vor deiner Wand hast: Stelle ein Hütchen mittig ein bis zwei Meter vor der Wand entfernt auf. Laufe parallel zur Wand einen Schritt weiter von der Wand entfernt als das Hütchen in dessen Richtung. Spiele vor dem Hütchen aus dem Lauf einen

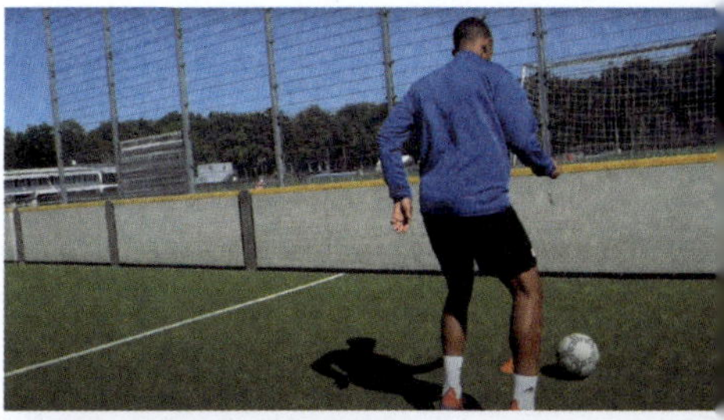

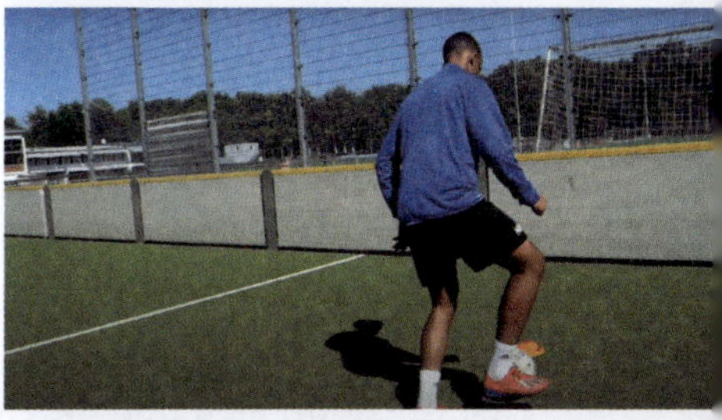

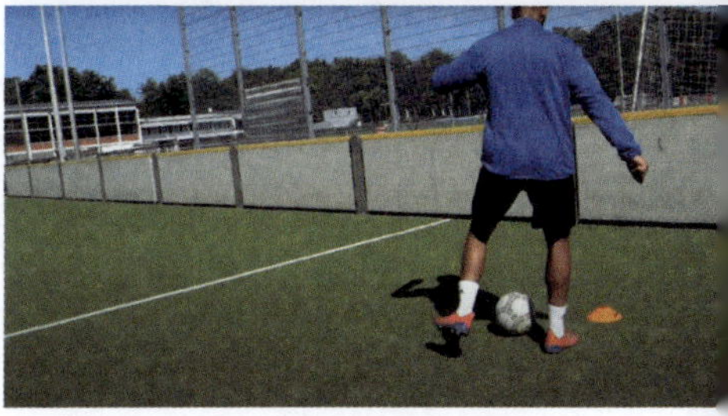

Pass gegen die Wand in so einem Winkel, dass der Ball hinter dem Hütchen wieder hervorkommt und du ihn im Lauf wieder aufnimmst. Laufe einige Schritte weiter, drehe dann um und wiederhole denselben Ablauf von der anderen Seite. Je höher deine Geschwindigkeit bei dieser Übung ist, desto besser. Schaue, dass wenn du den Ball mitnimmst, dieser möglichst eng an deinem Fuß bleibt.

- So übst du das „Öffnen“ bei der Ballannahme: Laufe mit Ball und Anlauf auf die Wand zu und spiele den Pass aus einigen Metern Abstand. Den zurückkommenden Ball nimmst du in einer öffnenden Drehung an, um dich um 180 Grad zu drehen und in die andere Richtung zu laufen. Laufe dann wieder einige Meter und laufe um ein Hütchen oder drehe um und starte die Übung wieder von vorn mit Anlauf Richtung Mauer. Diese Bewegung ist wichtig für beispielsweise defensive, zentrale Mittelfeldspieler, die mit dem Rücken zum Spiel einen Ball bekommen und sich bei entsprechendem Platz drehen, um sich nach vorn zu orientieren.

Wenn der Ball kommt, drehst du deine Hüfte nach außen („öffnen“) und nimmst den Ball mit der Innenseite des hinteren Fußes an. Drehe dich so weit, dass du möglichst direkt in die Laufrichtung des Balls starten kannst. Trotzdem sollte der Ball nah an deinem Fuß bleiben. Mache die Drehbewegung mit der Bewegung des Balls mit und drücke dich dann mit dem anderen Fuß kraftvoll ab, um wieder Geschwindigkeit aufzunehmen. Du kannst dem ankommenden Ball auch gleich direkt wieder einen Stoß geben und dir so vorlegen.

Schau dir dazu das Video auf YouTube an:

2.3 Zweikampf

Obwohl ich Technik, Tricks und Freestyle zu meinem Spezialgebiet gemacht habe, sind Zweikämpfe der Part beim Fußball, der mir immer am meisten Spaß gemacht hat und der für mich den größten Teil meiner Fußballleidenschaft ausgemacht hat. Zweikämpfe sind eine Kunst für sich und die richtige Technik dabei ist entscheidender, als allgemein angenommen wird. Denn obwohl sie natürlich beim Zweikampf wichtig ist, ist die körperliche Stärke hier nicht alles. Die folgenden Tipps beziehen sich hauptsächlich auf den defensiven Zweikampf, also wenn es darum geht, den Gegner zu verteidigen oder den Ball zu erobern.

2.3.1 Tipps

- **Psychologie**

  Sei ein unangenehmer und „ekliger" Gegenspieler und lasse dem gegnerischen Angreifer keine Luft zu atmen. Wie das aussehen kann, kannst du beispielsweise bei Pepe oder Sergio Ramos, einem dem besten Abwehrspieler seiner Zeit, sehen. Auf dem Platz sind diese Spieler deswegen nicht immer die sympathischsten Fußballer, da die Grenze zum Erlaubten auch mal überschritten wird und es auch mal zu unfairem Verhalten kommen kann, wenn man sich in diesem Graubereich aufhält. Es geht aber auch nicht darum, unfair zu sein, was ich persönlich nie empfehlen würde und es auch nicht für nötig halte. Vielmehr geht es darum, engagiert und motiviert zu sein, immer nah am Gegenspieler zu sein, ihm keinen Platz zu lassen und konsequent zu stören. Irgendwann wird ihm die Lust vergehen und er wird vielleicht sogar die Nerven verlieren. So kannst du deinen Gegenspieler zu Fehlern provozieren, wenn dieser keinen kühlen Kopf bewahren kann.

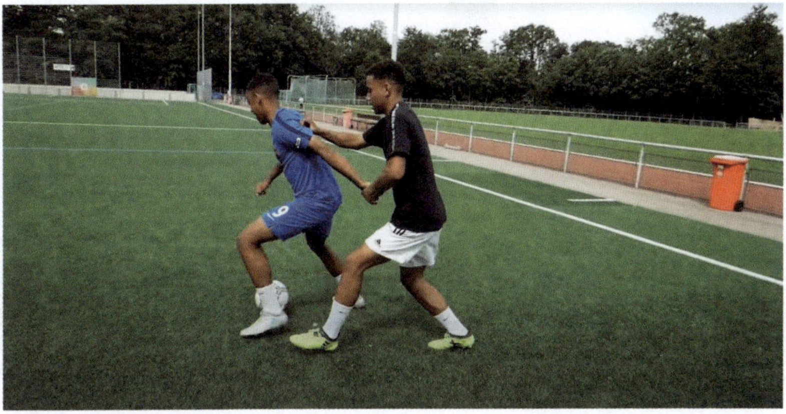

In die Knie gehen

Wenn du deinen Gegenspieler gestellt hast und du auf eine Aktion des Angreifers wartest, musst du schnell reagieren können. Dafür hast du am besten die Knie leicht gebeugt. Das ist die beste Körperhaltung, um explosiv und mit einem schnellen Antritt den Gegner zu stellen, sobald dieser versucht, an dir vorbeizukommen.

Eine Seite anbieten

Wenn du deinen Gegenspieler stellst, solltest du nicht frontal vor ihm stehen, sondern seitlich und ihm so eine Richtung anbieten, was ihn schon mal einschränkt bei der Auswahl seiner möglichen Aktionen. Solltest du den gegnerischen Spieler schon etwas kennen und kannst Stärken und Schwächen bzw. seine bevorzugten Aktionen einschätzen, dann könntest du ihn so beispielsweise auf die Seite seines schwächeren Fußes drängen. Eine Faustregel ist, wenn du dich am Flügel befindest, den Angreifer möglichst nach außen abzudrängen. So kann es im schlimmsten Fall nur zu einer Flanke kommen. Lässt du ihn allerdings in Richtung Mitte passieren, hat er mehr Möglichkeiten, eine gefährliche Situation einzuleiten oder gar zum Torabschluss zu kommen.

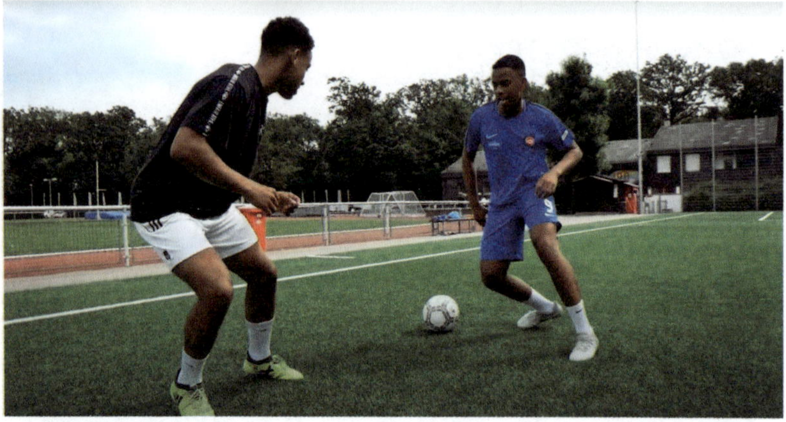

■ Antizipieren

Die Antizipation ist einer der wichtigsten Faktoren, um ein überlegener Abwehrspieler zu sein. Leider ist sie nur schwer direkt zu lernen oder trainieren, sondern führt zum großen Teil auf deine Erfahrung zurück. Wenn du damit allerdings in der Lage bist, das Spielgeschehen oder die aktuelle Ballsituation richtig einzuschätzen oder gar vorauszuahnen, kannst du beispielsweise Geschwindigkeitsnachteile ausgleichen und eher am Ball sein als ein schnellerer Gegenspieler oder im richtigen Moment den Ball wegspitzeln. Dazu gehört auch, deinen Gegenspieler genau zu beobachten und einzuschätzen. Wo hat er seine Schwächen? Wann könnte ihm ein Fehler unterlaufen bei der Ballverarbeitung? Wenn ein solcher Fehler auftritt, kannst du frühzeitig reagieren und ihm beispielsweise bei einer unsauberen Ballannahme einfach den Ball abnehmen.

Beweglich sein

Um auf flinke und trickreiche Gegenspieler richtig reagieren zu können, ist es wichtig, dass du beweglich in den Beinen bist und dich leichtfüßig bewegst. Vor allem die Beweglichkeit in der Hüfte und die Drehungen, die du mit ihr einleitest, sind entscheidend, wenn du durch Richtungsänderungen oder Haken deines Gegenspielers nicht ausgedribbelt werden willst. Verlagere dein Gewicht hierfür auf die Zehenspitzen, um mit den Füßen schneller zu sein, wenn es darum geht, im seitlichen Stand den vorderen und hinteren Fuß zu wechseln (siehe „Eine Seite anbieten").

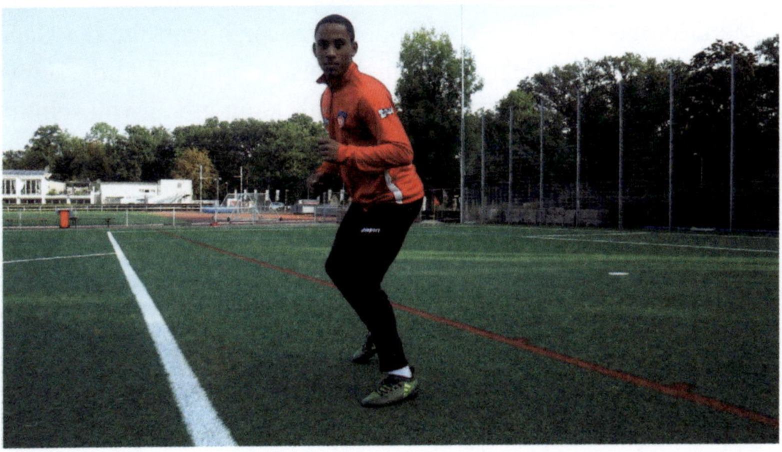

Den richtigen Moment abwarten

Timing ist alles! Warte auf den richtigen Moment, um auf den Ball zu gehen. Manchmal brauchst du dafür etwas Geduld und du solltest dich nicht voreilig aus der Reserve locken lassen. Wenn du zu schnell agierst und auf den Ball gehst, hat dein Gegenspieler oft leichtes Spiel und kann dich locker stehen lassen. Wenn du aber die Aktion des Gegners erst abwartest, wird dieser vielleicht ungeduldig und versucht, mit einer voreiligen Aktion an dir vorbeizukommen. Das kann dann für dich der richtige Moment sein. Der Gegenspieler legt sich den Ball möglicherweise zu weit vor, du kannst deinen Körper zwischen Ball und Gegner bringen und hast leichtes Spiel.

Passender Abstand

Zur Antizipation und zum Abwarten des richtigen Moments gehört auch noch der passende Abstand zum Angreifer. Stehst du zu nah am Gegenspieler, kann dieser dich mit einem geschickten Vorlegen des Balls und einem guten Antritt stehen lassen, da du nur noch wenig Zeit zum Reagieren hast. Stehst du allerdings zu weit entfernt, lässt du ihm natürlich alle Optionen offen und er kann sich seine nächste Aktion aussuchen. Hier ist es wichtig, den richtigen Mittelweg zu finden, was auch vom Typ des Gegenspielers abhängt. Hat er beispielsweise eine hohe Endgeschwindigkeit, aber einen schwachen Antritt, kann es sinnvoll sein, ihm mehr auf den Füßen zu stehen.

Grätschen

Eine Grätsche sollte immer nur der letzte Ausweg aus einem Zweikampf sein. Denn wenn du einmal auf dem Boden gelandet bist, bist du erst mal aus dem Spiel raus. Deswegen solltest du sie nur benutzen, wenn du auf einen letzten verzweifelten Versuch, an den Ball zu kommen, angewiesen bist oder wenn du in einer Situation alles auf eine Karte setzen willst, um eine Spielsituation zu beenden. Diese Situationen gibt es durchaus, wenn du etwa merkst, dass dir dein Gegenspieler davonkommt und du noch mit einem letzten Satz an den Ball kommen kannst. Dennoch gilt es, wenn möglich, immer auf den Beinen zu bleiben.

Ball und Gegner im Auge behalten

Achte auf die Signale, die dein Gegenspieler aussendet. Wenn du genau seine Bewegungen beobachtest, kannst du schneller erkennen, was er vorhat. Aufpassen musst du allerdings, wenn du auf einen trickreichen Gegenspieler triffst, der Finten und Körpertäuschungen einsetzt. In diesem Fall solltest du dich nicht zu sehr von seinen Tricks ablenken lassen und immer auch den Ball im Auge behalten.

■ Auf den Körper gehen

Fußball ist ein Kontaktsport. Das bedeutet, Körperkontakt ist nicht nur erlaubt, sondern (nicht nur als Abwehrspieler) essenziell. Sobald ein Gegenspieler den Ball an dir vorbei legt und versucht, an dir vorbeizukommen, solltest du den Körperkontakt suchen. Fahre deinen Arm aus und stelle so Kontakt zum gegnerischen Spieler her. So störst du seinen Antritt und kannst bis zu einem gewissen Grad die Kontrolle über die Situation behalten. Versuche dann direkt, deinen Körper zwischen Ball und Spieler zu bringen.

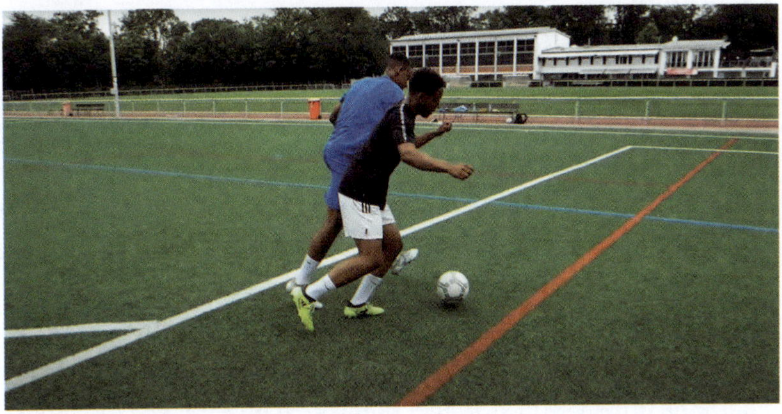

■ Ködern

Ein „Trick", den ich selbst immer gern umgesetzt habe, der allerdings nicht ungefährlich ist und bei dem du sicher und überzeugt von dir sein solltest: Gib deinem Gegenspieler etwas Raum, wenn du das Gefühl hast, dass er diesen zum Dribbeln nutzen wird. Das Ziel ist, den Gegner dazu zu verleiten, und sobald dieser ins Dribbling geht, du ihm den Ball überlegen abnimmst. Also nicht zu leichtsinnig damit umgehen.

- **Zweikampfvorteile als ballführender Spieler**

  Die bisherigen Tipps haben sich hauptsächlich auf die Rolle des Verteidigers bezogen. Beziehungsweise wenn es darum geht, den Ball zu gewinnen. Hier ist noch ein Tipp, wenn du in Ballbesitz bist. Im Vergleich dazu, wenn du nicht im Ballbesitz bist, kannst du hier im Zweikampf die Arme verstärkt einsetzen, bevor dieser Einsatz als Foulspiel gepfiffen wird. Mit dem Ball am Fuß kannst du dir mit den Armen deinen Gegenspieler verstärkt vom Leib halten. Natürlich sollst du nicht mit den Armen um dich schlagen, aber wegstoßen kannst du einen Spieler, der dich bedrängt, durchaus. Was in jeder anderen Situation als Foul gewertet wird, kannst du dir als ballführender Spieler noch erlauben.

2.3.2 Übungen

Beim Zweikampf geht es viel um Geschicklichkeit und darum, den richtigen Moment abzupassen, wann und wie du deinen Gegenspieler blockst oder drückst. Das effektivste Training sind daher Spiele, in denen viele Zweikämpfe vorkommen. In einem Spiel **1 gegen 1** auf zwei kleine Tore finden praktisch nur Zweikämpfe statt. Auch ein **2-gegen-2**-Spiel macht nicht nur richtig viel Spaß, sondern ist auch intensivstes Zweikampftraining.

Willst du individuell deine Voraussetzungen im Zweikampf verbessern, gehören Kraft- und Athletiktraining zu den besten Möglichkeiten. Damit arbeitest du an deiner Robustheit und Widerstandfähigkeit. Kraft in den Oberschenkeln für Standfestigkeit und in den Schultern, um dir einen Gegenspieler mit den Armen vom Leib zu halten, spielen hierbei eine besondere Rolle. Auf das Krafttraining wird in einem späteren Kapitel noch gesondert eingegangen. Hier zeige ich noch zwei simple Übungen, die für den Zweikampf relevant sind:

- **Rückwärtsbewegung**

  Hier geht es darum, flexibel auf den Füßen und beweglich in der Hüfte zu sein. Begib dich in Verteidigerstellung, also stehe leicht schräg, als würdest du deinem ballführenden Gegenüber eine Seite anbieten, die Knie leicht gebeugt und auf den Zehenspitzen. Bewege dich dann schräg rückwärts mit Sidesteps wie bei einer seitlichen Bewegung, bei der du die Füße zusammen- und wieder auseinanderführst. Wechsle dann während der Bewegung die Seite, sodass dein anderer Fuß vorn ist. Dies ist auch eine gute Übung für das Warm-up. Varianten sind, dass du auf Kommando eines Partners die Seite wechselst oder einen dribbelnden Partner konfrontierst, der sich auf dich zubewegt, du jeweils auf seine Dribbelrichtung reagierst und ihm eine andere Seite anbietest.

■ Antizipation

Für diese Übung brauchst du auch einen Partner. Stehe vor einem etwas größeren Hindernis, das entweder etwas höher ist, beispielsweise eine Stange oder eine Tonne, oder, wenn du keine Stangen zur Hand hast, etwas breiter ist (zum Beispiel eine Hütchenreihe). Spiele die Pässe deines Partners jeweils auf der linken und rechten Seite des Hindernisses direkt zurück. Ohne Ankündigung kann dein Partner den Ball auch nur kurz und mittig spielen. Das ist der Moment, in dem du reagieren musst, auf einer Seite um das Hindernis drumherum kommen und den Ball rechtzeitig erreichen und wieder zurückspielen musst. Dies simuliert Antizipation und Reaktion. Besser hierfür ist natürlich ein höheres Hindernis, das den Gegenspieler simuliert und dich zwingt, den Körper richtig um das Hindernis herum zu bewegen.

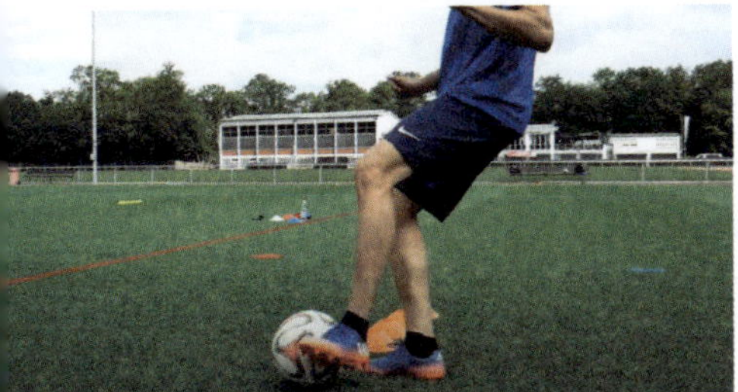

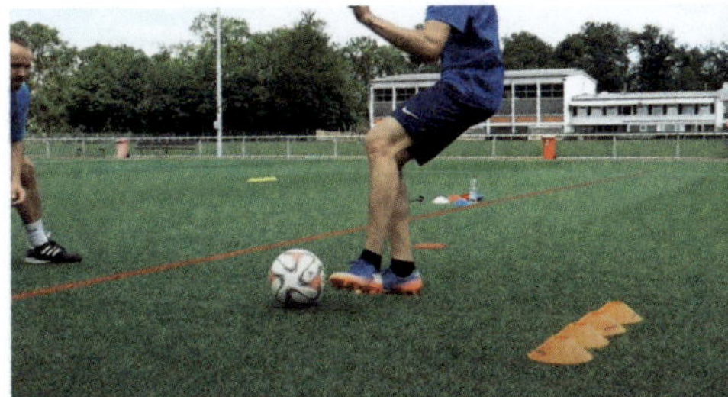

2.4 Dribbling

2.4.1 Tipps

- **Geschwindigkeitsänderungen**

  Kopf runter und mit Vollgas am Gegenspieler vorbei macht zwar Spaß, wenn man den Geschwindigkeitsvorteil mitbringt, wird aber nur in seltenen Fällen erfolgreich sein. Dafür braucht es viel Platz, der meistens nicht da ist. Deswegen ist es nötig, Vielfalt in Form von Verzögerungen und Tempoverschärfungen einzubringen. Man kann mit einem Antritt beispielsweise durch zwei Gegenspieler hindurchkommen oder durch ein Abstoppen und erneutes Beschleunigen einen Gegenspieler aus dem Tritt bringen. Durch einen kleinen psychologischen Effekt kannst du damit deinen Gegenspieler so auch entnerven und zu einer überhasteten Aktion verleiten. Habe den Überraschungsmoment auf deiner Seite.

- **Räume erkennen**

  Jede Spielsituation ist anders und muss jedes Mal neu bewertet werden. Diese Intuition macht einen großartigen Dribbler aus. Mit der richtigen Einstellung kann man dies aber auch lernen. Wie so oft heißt es auch hier, den Kopf oben zu behalten und zu variieren. Entwickle ein Gefühl für die Räume. Wann ist genug Platz da, um in einen freien Raum zu stoßen? Wann ist es besser, abzustoppen und um einen Gegenspieler herumzudrehen? Das richtige Vorlegen gehört auch dazu: Wer mehr Platz vor sich hat, kann den Ball weiter vorlegen. Bei weniger Platz muss der Ball natürlich enger am Fuß bleiben.

- **Wie lange dribbeln**

  Ein beliebter Spruch, den man gefühlt schon von jedem Trainer über den Platz schreien gehört hat: „Spiel deinen Ball!“ Oft hat er seine Berechtigung. Wenn du eigensinnig spielst, den Ball verlierst und so eine gefährliche Situation für den Gegner einleitest, war es kein gutes Dribbling. Versuche deswegen, dein Dribbling stets mit einem guten Pass oder Torabschluss zu veredeln.

Für mich bedeutet dies allerdings auch, dass es Situationen gibt, in denen der Ball zu früh abgespielt werden kann. Wenn du einen vielversprechenden Lauf begonnen hast und die Gelegenheit da ist, entscheidenden Raum zu gewinnen, dann dribble weiter. Seit mutig und gehe mal ein Risiko ein.

■ Arme einsetzen

Diesen Punkt habe ich schon weiter oben bei den offensiven Zweikämpfen erwähnt. Weil ich ihn aber wichtig finde, wird er hier noch mal wiederholt. Nutze deine Arme, um dir die Gegenspieler vom Leib zu halten, und schiebe diejenigen weg, die dir schon zu nahegekommen sind.

■ Auf den Verteidiger reagieren

Oft wartet der Verteidiger auf einen günstigen Moment, bis du eine Aktion einleitest, um dann darauf zu reagieren. Mit einigen der vorangegangenen Tipps kannst du ihn zu einer verfrühten Verteidigungsaktion verleiten. Dann ist es deine Aufgabe, diese richtig einzuschätzen und die richtige Antwort darauf zu geben. Geht der Fuß des Gegenspielers Richtung Ball, kann dies zum Beispiel bedeuten, dass du einen Haken schlägst oder den Ball über diesen Fuß lupfst und einen Lauf startest.

■ Tricks einsetzen

Tricks sind das besondere Etwas im Dribbling. Sie sind aufregend und spektakulär. Den Gegner so richtig nass zu machen, ist noch mal ein besonderer Triumph und zieht natürlich die Blicke auf sich. Leider gibt es dafür im Fußball keine Extrapunkte. Deswegen ist der schönste und beste Trick leider nur so gut wie das spielerische Ergebnis, das er bringt. Tricks sollten also nur in den passenden Situationen eingesetzt werden. Dafür musst du deine

Tricks ganz genau kennen. Sei dir sicher, wann es angebracht ist, in welchen Situationen welchen Trick einzusetzen. Geht es dabei um den effektiven Erfolg des Dribblings oder ist er nur da, um eine Situation möglichst spektakulär zu lösen.

- **Richtungsänderungen**

  Einer der wichtigsten und effektivsten Tipps zum Schluss. Richtungsänderungen sind da, um deinen Gegenspieler aus dem Tritt zu bringen. Jeder kennt die legendäre Szene, in der Messi Boateng ausspielt und das entscheidende Tor gegen Bayern erzielt. Es war nicht nur ein einfaches Ausspielen. Boateng wurde von Messi derart auf dem falschen Fuß erwischt, dass dieser umfiel wie eine Bahnschranke. Das Ganze nur durch einen einzigen Haken, den Messi geschlagen hat. Mit solchen Haken und Richtungsänderungen kann sich der Verteidiger nur sehr schwer auf dich einstellen und muss schnell auf den Füßen sein, um sich jedes Mal wieder in richtige Position zu bringen.

2.4.2 Schneller mit dem Ball werden

Dieser Tipp bekommt ein extra Kapitel, da dies einer der wichtigsten ist. Denn selbstverständlich wird man es ohne ein hohes Tempo mit Ball nur sehr schwer haben, erfolgreich zu dribbeln, auch wenn es tatsächlich einige Meister gibt, die auch das können.

- **Die richtige Körperhaltung**

  Deine Knie sind gebeugt und dein Oberkörper leicht nach vorn gebeugt, sodass du dich gefühlt über dem Ball befindest.

- **Ballführung**

  Triff den Ball hauptsächlich mit dem seitlichen Spann, also ungefähr am Übergang von Spann und Außenseite. Der Fuß ist dafür ausgestreckt und leicht eingedreht.

■ Viele Berührungen machen

Setze dir das Ziel, mit jedem Schritt eine Berührung zu machen. Das wird natürlich am Ende nicht so ausgehen, dass du den Ball tatsächlich auch mit jedem Schritt berührst, aber viele Berührungen helfen dennoch. Der Ball bleibt enger am Fuß und mit der Zeit wirst du ein besseres Gefühl dafür bekommen, wie stark du den Ball beim Dribbeln optimalerweise triffst.

■ Gewicht auf den Zehenspitzen

Laufe am besten nur auf den Zehenspitzen oder verlagere zumindest dein Gewicht auf diese. Dies gilt vor allem für den Fuß, mit dem du den Ball führst. Tippe deinen Fuß für schnelle Bewegungen immer wieder schnell auf den Boden. Beim Trainieren nenne ich das gern die Nähmaschine.

■ Auch die Innenseite benutzen

Konzentriere dich, wie schon erwähnt, hauptsächlich auf die Außenseite, aber benutze auch die Innenseite für Richtungswechsel und um den Ball nicht zu verlieren beziehungsweise die Kontrolle zu behalten.

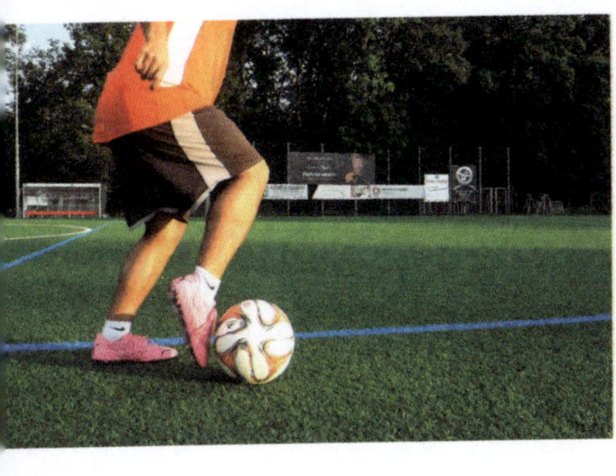

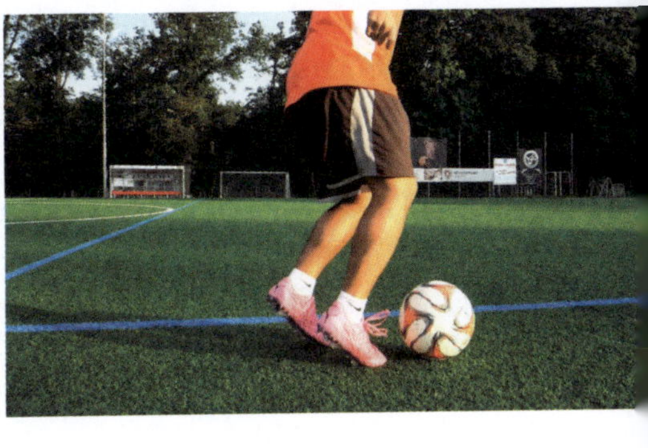

2.4.3 Übungen Dribbling

Die Technik und das nötige Ballgefühl sind Dinge, die man wunderbar allein trainieren kann. Die Möglichkeiten und Varianten sind endlos. Darum stelle ich hier einige simple, aber effektive Übungen vor, die man jederzeit erweitern oder kombinieren kann.

- **Die Nähmaschine**

  Ganz simpel, um die Technik beim Ballführen zu üben und gut fürs Warm-up geeignet: Laufe eine gerade Strecke und führe den Ball mit dem Spann des starken Fußes (wie oben beschrieben). Beginne langsam und versuche nach einer Temposteigerung so schnell wie möglich zu sein. Das soll aber nicht nur bedeuten, so schnell wie möglich nach vorn zu kommen, sondern mache so viele Ballberührungen wie möglich und konzentriere dich darauf, den ballführenden Fuß schnellstmöglich nach jeder Berührung wieder auf den Boden zu bekommen. Versuche also, deine Schrittfrequenz zu maximieren und mit deinem starken, ballführenden Fuß den Boden nur mit dem Ballen kurz zu berühren.

- **2 außen, 1 innen**

  Eine weitere ganz simple Übung, die gut in ein individuelles Warmmachen passt. Mache 2 Berührungen mit der Fußaußenseite schräg nach vorn und anschließend eine Berührung mit der Innenseite, um dann den Fuß zu wechseln und wieder mit 2 Berührungen außen und einer innen fortzufahren. Besonders interessant ist hier, wie gut dir das Hakenschlagen, also den Ball nach innen zu kappen, gelingt. Hier spielt auch die richtige Stärke eine Rolle. Im Optimalfall stoppst du den Ball nicht nur ab, sondern spielst ihn so stark nach innen, dass du den Ball flüssig mit der Außenseite des anderen Fußes weiterführen kannst. Du kannst den Ball auch mit der zweiten Außenberührung so weit nach außen spielen, dass du den Ball mit der Spitze deiner Fußsohle nach innen ziehen musst.

Weites Slalom

Stelle dir einen weiten Slalomparkour auf, bei dem die Hütchen in einem Abstand von ca. 5 Metern stehen, und durchlaufe diesen in deiner höchsten Geschwindigkeit. Das Ziel ist hier, den richtigen Rhythmus zu finden und möglichst effizient durch die Hütchen zu kommen. Finde die richtige Stärke und Richtung, mit der du den Ball nach vorn spielst. Mache hier einige Wiederholungen, bis du einen guten Flow gefunden hast.

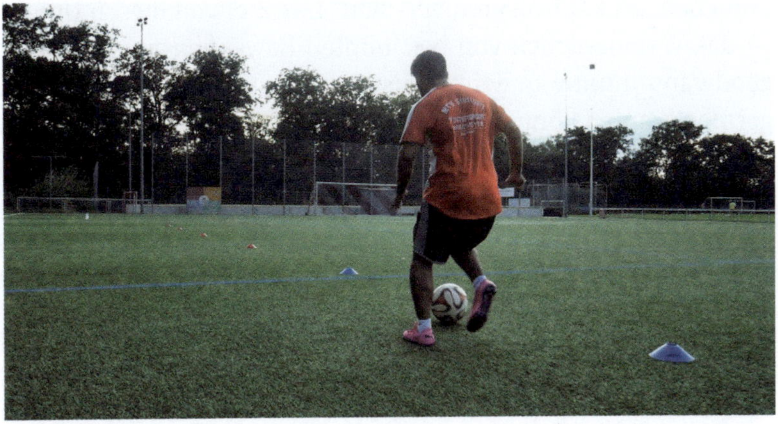

Pendel

Eine bekannte und simple Übung, die das Beschleunigen mit Ball, aber auch das ebenso wichtige Abbremsen trainiert. Stelle vier Hütchen im Abstand von ca. 5 Metern auf. Laufe dann mit Ball vom ersten Hütchen zum zweiten und wieder zurück zum ersten. Dasselbe wiederholst du für das dritte und vierte Hütchen. Mit dem Abstand und der Anzahl der Hütchen kannst du variieren. Hier kannst du dich darauf konzentrieren, so schnell wie möglich zu sein. Eine besondere Rolle spielen die Richtungswechsel, bei denen du viel Zeit herausholen kannst.

Schau dir dazu das Video auf YouTube an:

2.5 Ballbeherrschung

Kommen wir zu meinem Lieblingsbereich und Spezialgebiet: das Ballhandling oder auch die Ballkontrolle. Dies kann einfach und viel geübt werden. Grundsätzlich wird der Ball mit vier verschiedenen Teilen des Fußes kontrolliert: Der Spann, die Innen- und Außenseite wurden ja schon öfter erwähnt, dazukommt noch die Sohle. In diesem Kapitel beziehe ich mich auf das Thema Ball Mastery, das heißt, der Ball wird in verschiedenen Übungen, die sehr wenig Platz brauchen, zu kontrollieren versucht. Das Ziel von diesen Übungen ist das Verinnerlichen von bestimmten Bewegungsmustern, die irgendwann intuitiv in den unterschiedlichsten Spielsituationen abgerufen werden können. In diesem Kapitel geht es weniger um das Theoretische, sondern wir konzentrieren uns hauptsächlich auf die wichtigsten Übungen und wie man den Schwierigkeitsgrad steigern kann. Wer einmal reinkommt, kann hier mit ein wenig Ehrgeiz viel Spaß haben beim stetigen Verbessern und Entwickeln der Technik.

Ich habe die Übungen in 4 Stufen aufgeteilt, in denen sich verwandte Übungen in der Schwierigkeit steigern. Wenn du alle Übungen beherrschst, kannst du auch ein kleines Workout daraus machen und jede Übung 30 Sekunden am Stück machen. Das ist übrigens anstrengender, als man auf den ersten Blick denkt.

2.5.1 Stufe 1

- **Ball Taps**

  Wir beginnen ganz einfach. Du stehst vor dem Ball und hast eine Sohle auf dem Ball. Mache nun Sprünge auf der Stelle und wechsle jedes Mal den Fuß, der auf dem Ball ist. Der Ball soll dabei nicht wegrollen.

- **Pendel**

  Der Klassiker überhaupt. Spiele den Ball zwischen deinen Füßen mit den Innenseiten hin und her. Mache dies auch mit kleinen Sprüngen, um das Tempo zu steigern.

- **Sole Roll**

  Ziehe den Ball mit der Sohle beispielsweise mit dem rechten Fuß seitlich nach links und stoppe den Ball dann mit der linken Innenseite. Das Ganze analog mit dem anderen Fuß und dann wieder hin und her.

- **Lace Forward Taps**

  Spiele den Ball mit dem Spann nach vorn und ziehe ihn dann direkt mit der Sohle des anderen Fußes wieder zu dir her, um dasselbe direkt mit dem anderen Fuß zu machen und so die Füße wieder abzuwechseln.

2.5.2 Stufe 2

- **Das V**

  Spiele den Ball mit beispielsweise der rechten Innenseite schräg nach links vorn und stoppe dort den Ball mit der Sohle. Ziehe den Ball dann wieder zurück und stoppe ihn mit der Innenseite. Jetzt liegt der Ball wieder ruhig vor und du wechselst den Fuß ab.

- **Das U**

  Spiele den Ball mit der rechten Innenseite gerade nach vorn und ziehe ihn mit der Sohle wieder zurück. Spiele ihn dann direkt mit der rechten Innenseite auf die linke Innenseite und mache dasselbe, mit der Innenseite nach vorn und der Sohle zurück, auf der linken Seite. Hier wird deutlich, wie wichtig der Rhythmus bei diesen Ball-Mastery-Übungen werden kann. Achte darauf, deine Füße richtig zu koordinieren und, wenn nötig, einen kleinen Sprung einzubauen, um die Übergänge flüssig hinzubekommen.

■ **Sole Drags**

Ziehe den Ball mit deinen Sohlen seitlich vor dir hin und her. Anders als bei der Sole Roll benutzt du hier allerdings nur den ganz vorderen Teil deiner Sohle. Tatsächlich ziehst du so den Ball auch weniger, sondern stupst ihn mehr in die richtige Richtung. Fange langsam an und erst wenn du ein Gefühl dafür hast, kannst du das Tempo steigern und das Ganze auf schnellen Füßen machen.

■ **Pendel + Sole Roll**

Beginne mit einer Sole Roll und mache daraufhin direkt zwei Pendel-Berührungen mit den Innenseiten, um dann den Ball wieder auf dem anderen Fuß zu haben und die Sole Roll dann wieder in die andere Richtung zu machen.

2.5.3 Stufe 3

■ **Square**

Du startest wie beim U: Spiele mit einer Innenseite auf die andere und mit dieser gerade nach vorn. Doch statt den Ball direkt wieder zurückzuziehen, spielst du ihn mit dem vorderen Teil deiner Sohle (wie bei den Sole Drags) auf den anderen Fuß rüber. Dort ziehst du den Ball mit der Sohle zu dir her und du bist wieder in der Ausgangssituation. Versuche dir ein Viereck vorzustellen und den Linien zu folgen. Wechsle die Richtung ab. Es hilft, wenn du das Ganze um ein Hütchen herum machst.

■ **V-Cut**

Ziehe den Ball mit dem rechten Fuß von schräg links vor dir zu dir her, um den Ball dann direkt mit der Innenseite desselben Fußes nach schräg rechts vor dir zu spielen. Dort stoppst du den Ball mit der linken Sohle und wiederholst den Ablauf. Der Ball bewegt sich hierbei also V-förmig.

- **L-Turn**

Ziehe den Ball mit der Sohle bis hinter dein Standbein zurück und spiele ihn dann mit der Innenseite hinten an deinem Standbein vorbei. Dann ziehst du den Ball mit dem anderen Fuß wieder zum Startbein rüber und wiederholst die Bewegung. Den tatsächlichen Move machst du also nur mit einem Fuß. Wechsle daher die Richtung bzw. den Fuß ab.

- **Sole Roll U**

Diese Ball Mastery ist dem U ähnlich. Nur dass du hier den Ball dem Fußwechsel nicht mit der Innenseite spielst, sondern den Ball mit einer Sole Roll auf den anderen Fuß ziehst.

2.5.4 Stufe 4

- **Die 8**

Hier hast du zwei Hütchen in einer senkrechten Linie mit eineinhalb bis zwei Fußlängen Abstand vor dir. Gehe durch diese Hütchen in einer Acht durch. In der Praxis gehst du zweimal das Square nach vorn durch, dann zweimal nach hinten und benutzt auch die Technik wie beim Square. Wenn du den Ball nach vorn spielen musst oder wenn er beim seitlichen Spielen nah an dir dran ist, benutzt du die Innenseite. Beim weiter entfernten seitlichen Rüberspielen und beim Zurückziehen benutzt du den vorderen Teil der Sohle.

- **U Crossed**

Starte wie beim U: mit der linken Innenseite auf die rechte spielen und mit dieser den Ball vorspielen. Statt wie beim normalen U den Ball dann aber mit der rechten Sohle zu stoppen, stoppst du den Ball, wenn dieser rechts vorn ist, mit der linken Sohle. Dann ziehst du ihn mit der linken Sohle zurück und stoppst den Ball mit der linken Innenseite. Jetzt liegt der Ball ruhig und du startest den Move mit der rechten Innenseite in die andere Richtung.

■ L-Turn beide Füße

Starte den L-Turn mit einem Fuß wie oben beschrieben. Wenn du den Ball hinter deinem Standbein vorbei gespielt hast, wechselst du den Fuß und machst einen L-Turn mit dem anderen Fuß. Wenn du dabei einigermaßen sicher geworden bist, kann du, wenn du jeweils den Ball zurückziehst, mit dem Standbein leicht vorrutschen. So kannst du insgesamt auf derselben Stelle bleiben und bewegst dich nicht rückwärts.

■ V-Cut mit Außenseite

Der Ablauf ist derselbe wie beim normalen V-Cut mit dem Unterschied, dass du den Ball statt mit der Innenseite mit der Außenseite schräg nach vorn spielst.

Schau dazu die Videos auf YouTube an:

2.6 Torschuss

Der Torschuss gehört zu den beliebtesten Techniken. Es gibt zahlreiche Spiele dazu auf kleinen Bolzplätzen und großen Fußballplätzen und gern wird für Torschüsse vor oder nach dem Training extra Zeit verbracht. Ist das nicht verwunderlich, da diese Technik doch im Vergleich zu den anderen viel weniger Anwendung findet in einem Spiel? Eigentlich nicht, denn mit einem tollen Schuss eröffnen sich viele Gelegenheiten, um Traumtore zu erzielen. Und das ist es doch, wovon wir alle heimlich träumen.

2.6.1 Technik für einen starken Schuss

- Nimm einen kurzen und explosiven Antritt und lege vor allem in die letzten zwei Schritte viel Kraft.

- Das Standbein stellst du neben dem Ball ab. Pflanze dieses für den psychologischen Effekt mit Kraft in den Boden.
- Den zum Schussbein entgegengesetzten Arm hältst du seitlich zur Balance.
- Ein sehr beliebter Tipp, den bestimmt jeder schon mal gehört hat, ist, dass man den Kopf über den Ball nehmen soll, da so verhindert wird, dass der Ball zu hoch fliegt. Persönlich halte ich diesen Tipp für nicht sehr zielführend, da du dich damit eher zu einer unnatürlichen Schusshaltung zwingst. Solange du dich nicht zurücklehnst wie bei einem Abstoß und die anderen Tipps beachtest, sollte dich das auch ans Ziel führen.
- Hole mit deinem Schussbein möglichst viel Schwung und schwinge das Bein komplett durch.
- Triff den Ball nicht mit der großen Fläche des frontalen Spanns, sondern leicht seitlich oben mit dem äußersten Fußknochen. Um den Ball damit zu treffen, musst du deinen Fuß eventuell etwas schräg halten, angepasst an die Größe deines Fußes.
- Wie schon bei einigen beschriebenen Passtechniken ist auch wichtig, den Fuß beziehungsweise das Sprunggelenk stabil zu halten.
- Ebenso wichtig ist, dass du deinen gesamten Körper unter Spannung hältst, um so die gesamte Kraft herauszuholen.
- Den Ball triffst du zentral bis leicht unter der horizontalen Mitte.

2.6.2 Tipps für den Torabschluss

- Um in eine möglichst gute Schussposition zu kommen, ist der „First Touch“, also die Ballan- und -mitnahme besonders wichtig. Mit dieser legst du dir den Ball mit dem richtigen Gefühl so vor, dass du freie Schussbahn hast und eine möglichst optimale Schusshaltung einnehmen kannst.
- Für einen möglichst effektiven Abschluss braucht es weniger spektakuläre Schüsse in den oberen Winkel, sondern es empfehlen sich die flachen Schüsse in die Ecke. Das gilt besonders für die Abschlüsse ins lange Eck. Hier kann man sich als kleine Hilfe

nehmen, auf das „kleine Netz", also das seitliche Tornetz, zu zielen. Siehst du eine höhere Erfolgschance bei einem Abschluss auf das kurze Eck, etwa bei einer kürzeren Torentfernung, kannst du allerdings auch mal einen hohen und harten Schuss ablassen.

- Konzentriere dich beim Vorlegen und beim Abschluss auf den Ball. Nur unmittelbar vor dem Abschluss kannst du den Kopf zur Orientierung noch mal kurz hochnehmen.

2.6.3 Übungen

Die Trainingssituationen sollten möglichst spielnah sein. Erzeuge also einen künstlichen Druck und habe viele Abschlüsse im Sprint mit dabei. Zudem sollte es eine Abwechslung bei den Abschlüssen geben, also zum einen Abschlüsse, bei denen du dich auf die Schusskraft konzentrieren kannst, und zum anderen Abschlüsse, die mehr Präzision verlangen.

Versuche in jeder Situation, zu einem Abschluss zu kommen. Brich also die Situation nicht ab, wenn der Ball mal nicht perfekt vorgelegt wird. So bekommst du auch automatisch viele unterschiedliche Anforderungen an deine Abschlusstechnik.

Übungen allein

- **Mit dem Rücken zum Tor**

  Stehe mit dem Rücken und mit ca. 20 Meter Abstand zum Tor und pendle den Ball. Auf ein Kommando, welches du dir auch selbst geben kannst, explodierst du und drehst dich zu einer Seite auf. Lege den Ball dann noch höchstens einmal vor und schließe aufs Tor ab. Mit der Technik vor dem Torabschluss kannst du auch variieren (Ideen findest du im Kapitel Ballbeherrschung).

- **Geheimwaffe**

  Baue dir eine Geheimwaffe auf. Das ist ein Trick, den du im Schlaf beherrschst, und den du vor dem Torabschluss einsetzen kannst.

Beispielsweise eine Körpertäuschung oder ein Übersteiger. Stelle dir dafür ein kleines Hindernis, etwa ein Hütchen, zur Orientierung auf. Dieses läufst du etwas seitlich vom Tor an, spielst es mit deinem Trick aus und suchst so schnell wie möglich, ohne groß nachzudenken, den Abschluss. Hier kannst du dich auf den Abschluss mit deinem starken Fuß konzentrieren. Wechsle auch die Seite, sodass du einen Abschluss mit dem äußeren Fuß hast und einen Abschluss mit dem inneren, bei dem du eher einen Schlenzer Schuss einsetzen musst. Der Abstand vom Tor zum Hütchen sollte auch hier etwas mehr als 20 Meter betragen.

■ Kraftschuss

Bei den ersten beiden Varianten war es noch wichtig, das Tor möglichst platziert zu treffen, also flach ins lange Eck oder hoch ins kurze. Hier sollst du dich nur darauf konzentrieren, zwar das Tor zu treffen, aber mit einem möglichst starken Schuss mit den Techniktipps von oben. Starte wieder mit einem Abstand von etwas mehr als 20 Metern und lege dir den Ball einmal kurz vor, damit du 2 bis 3 Schritte Anlauf hast. Um den Ball beim Vorlegen gut einzurollen, eignet sich auch die Sohle gut.

Übungen mit Partner

■ Seitlicher Pass

Du befindest dich kurz vor dem 16er vor dem Tor mit zwei Hütchen links und rechts in einem Abstand von 5 Metern. Dein Partner spielt dir von außen einen Ball zu. Kurz bevor der Ball bei dir ankommt, gibt dein Partner ein Kommando für vorn oder hinten. Bei „vorn" kappst du den Ball nach innen ab, legst ihn am vorderen Hütchen vorbei und kommst direkt danach zum Abschluss. Beim Kommando für hinten drehst du dich auf und legst den Ball mit möglichst einer Berührung am hinteren Hütchen vorbei und kommst mit der nächsten Ballberührung zum Abschluss.

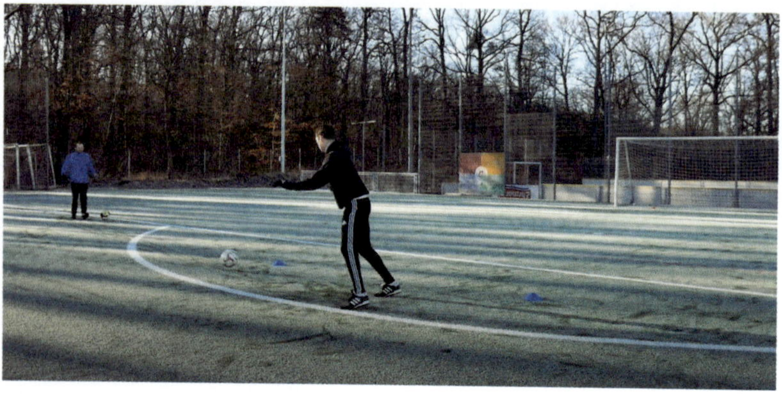

Doppelpässe

Dein Partner steht mit dem Rücken zum Tor. Du stehst mit einigen Metern Abstand gerade vor ihm und hast zwei Hütchen links und rechts vor dir. Ihr spielt euch Doppelpässe, bis das Kommando links oder rechts oder eine visuelle Anzeige von deinem Partner kommt. Du legst dir den Ball an dem entsprechenden Hütchen vorbei und schließt mit dem rechten beziehungsweise dem linken Fuß ab.

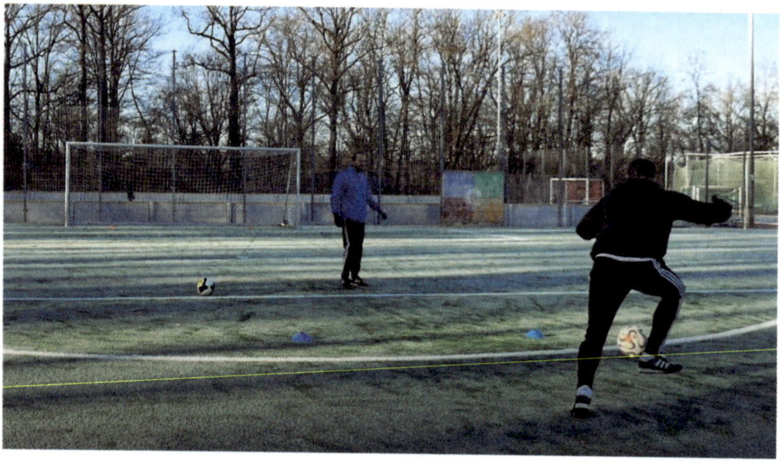

Schau dir dazu das Video auf YouTube an:

2.7 Handlungsschnelligkeit

Die Handlungsschnelligkeit gehört genau genommen nicht zu den Basics *am* Ball, sondern findet zum großen Teil im Kopf statt und gehört eng zusammen mit dem kognitiven Training. Das Beherrschen der bisherigen Techniken aus diesem Kapitel trägt dennoch einen großen Teil zu einer erhöhten Handlungsschnelligkeit bei. Sie gehört zu den grundlegendsten Eigenschaften, die einen Qualitäts-Fußballer ausmachen, und ist manchmal eine versteckte Fähigkeit, die einem nicht so direkt ins Auge springt wie ein überlegen geführter Zweikampf oder ein Schuss wie ein Strich.

Dass die Bedeutung dieser Fähigkeit in den Köpfen angekommen ist, fällt auf: Bei Anfragen für ein Individualtraining ist der häufigste Wunsch, handlungsschneller zu werden und die Spielübersicht zu verbessern, was ebenfalls ein Bestandteil der Handlungsschnelligkeit ist. Vor allem auf den zweiten Punkt bezogen bin ich aber auch immer ehrlich und zügele die Erwartungen. Denn dies individuell zu trainieren, ist sehr anspruchsvoll.

Drei Komponenten, die dazugehören, sind: **Reaktion**, **Entscheidung** und **Umsetzung**. Wir schauen gleich, wie du das durch extra Training verbessern kannst. Die richtige Einstellung kann aber auch dazu beitragen, dass du dein Spiel schneller gestaltest.

2.7.1 Tipps, um dein Spiel schneller zu machen

Mental

Programmiere dich darauf, schnell zu spielen. Behalte dies immer im Hinterkopf bei deinen Aktionen. Daher ist es auch gut, wenn dich dein Trainer mit Kommandos von außen daran erinnert und dir diese Vorgabe in den Kopf ruft. Dies gilt nicht nur für Spiele, sondern auch für das Training: immer Vollgas geben und mental voll bei der Sache sein.

Technik

Ohne die technische Grundlage funktioniert es natürlich nicht, denn du musst körperlich und technisch in der Lage sein, diese Schnelligkeit umzusetzen. Je besser du einen Ball verarbeiten und unter Kontrolle bringen kannst, desto schneller kannst du mit dem Spiel fortfahren. Arbeite deshalb an deiner Ballkontrolle, an den Basics wie Ballan- und -mitnahme, um noch sicherer im Ballbesitz zu werden. Nach tausendfachen Wiederholungen kannst du Aktionen umzusetzen, ohne nachzudenken.

Anwendung

Behalte das Spielgeschehen um dich herum und nach Möglichkeit auf dem ganzen Spielfeld immer im Auge. Das Ziel dabei ist, antizipieren zu können, wohin sich Spieler bewegen, und das Spielgeschehen entwickeln. Versuche außerdem auf einem möglichst hohen Niveau zu spielen, auf dem automatisch ein schnelleres Spielgeschehen stattfindet. Außerdem kann es auch hilfreich sein, seine Aktionen im Nachhinein zu analysieren und zu überlegen, ob es Alternativen zu deinen jeweiligen Entscheidungen gegeben hat.

2.7.2 Übungen mit Partner

Die Reaktion und Entscheidungsfindung allein zu trainieren, ist sehr knifflig. Für den Impuls von außen brauchst du im Normalfall einen Partner. Mittlerweile gibt es auch Apps oder Videos, die dir ein Signal mit beispielsweise einer Farbe geben können. Ich stelle dir hier die Übungen mit einem Partner vor.

1, 2 Jonglage

Ein Partner wirft dir den Ball zu und ruft dir dann eine Zahl zu: Eins oder Zwei (oder auch Zwei oder Drei). Mit genauso vielen Ballberührungen wie angesagt spielst du den Ball wieder zurück. Je später die Zahl angesagt wird, desto schneller musst du reagieren und desto schwieriger wird die Übung. Findet hier die richtige Balance zwischen anspruchsvoll und flüssig durchführbar. Wenn ihr beide schon technisch sehr versiert seid, könnt ihr die Übung auch so durchführen, dass ihr beide den Ball hochhaltet und beim Zurückspielen die Anzahl für die nächsten Kontakte ansagt.

Viel einfacher, aber auch genauso gut kann die Übung auch mit Flachpässen gemacht werden. Entweder muss der Ball direkt zurückgespielt werden oder einmal seitlich mitgenommen werden und dann zurückgespielt.

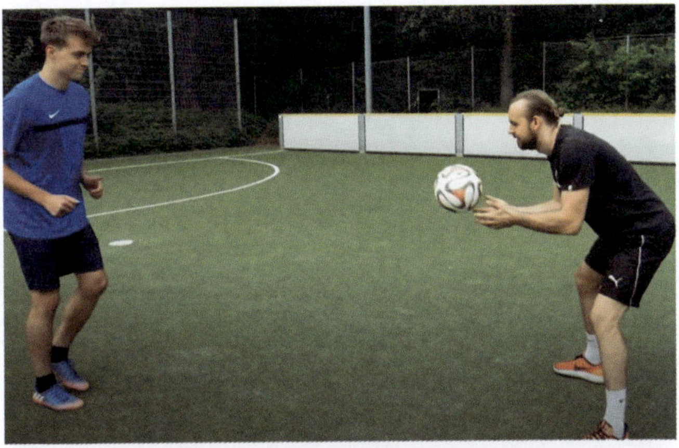

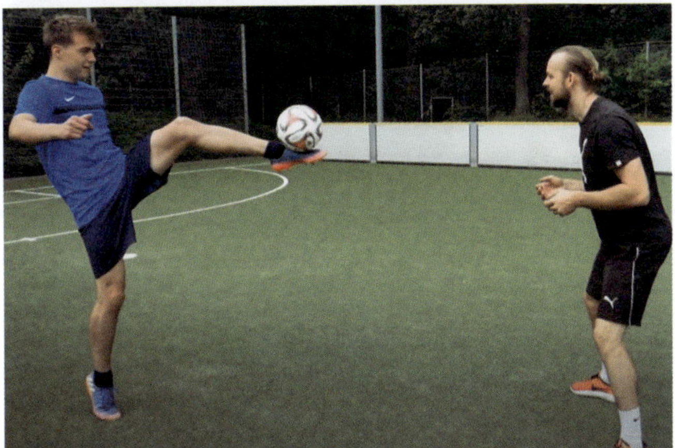

Farbiges Quadrat

Hierfür braucht ihr vier verschiedenfarbige Hütchen in jeweils doppelter Ausführung. Du befindest dich in einem Hütchen-Quadrat mit jeweils einer unterschiedlichen Farbe an jeder Ecke. Du führst den Ball innerhalb des Quadrats oder machst eine Technikübung auf der Stelle wie beispielsweise das Pendel. Dein Partner steht einige Meter entfernt und hat auch jeweils ein farbiges Hütchen zur Hand. Davon hebt er regelmäßig eins davon in die Luft. Für dich gilt es dann, die Farbe möglichst schnell visuell zu erfassen und das entsprechende farbige Hütchen in deinem Quadrat zu umdribbeln. Danach geht es mit der Ausgangssituation weiter.

Hier zwei weitere Alternativen, die du mit dem Quadrat machen kannst:

- Du und dein Partner spielt euch Pässe hin und her. Bevor du den Pass zurückspielst, läufst du auf ein Kommando deines Partners das angesagte farbige Hütchen an. Hier kommt es auf eine schnelle Reaktion an und dass du dich richtig orientierst. Um die Schwierigkeit zu erhöhen, kannst du mit dem Rücken zum Partner gedreht sein. Hier musst du regelmäßig einen Schulterblick nach hinten machen.

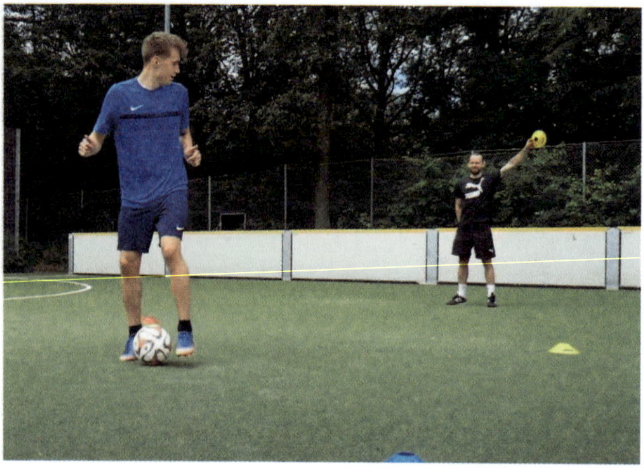

- Ihr spielt euch wieder Pässe zu und dein Partner ruft dir eine Farbe zu, wenn er den Pass zu dir spielt. Du nimmst den Ball bei der Annahme so mit, dass du den Ball am entsprechend farbigen Hütchen vorbei legst und dann wieder zum Partner zurückspielst. Hier kommt es darauf an, schnell zu reagieren und dich entsprechend zu positionieren, um den Ball effektiv an- und mitzunehmen. Besonders bei den Hütchen, die sich hinter dir befinden, ist es wichtig, sich gut aufzudrehen und so die Bewegung nach hinten schon einzuleiten.

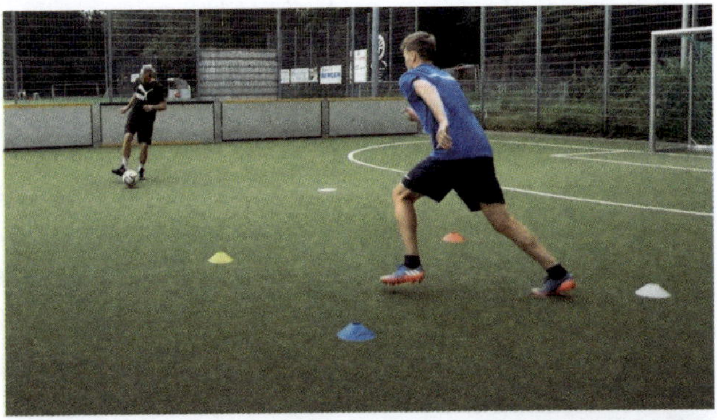

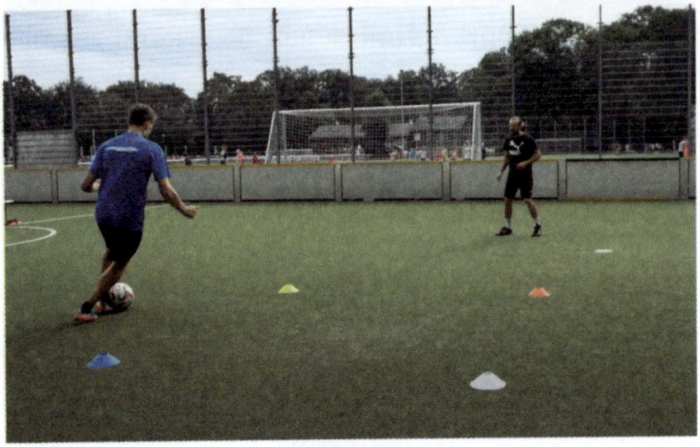

Schau dir dazu das Video auf YouTube an:

2.8 Kopfball

Das Kopfballspiel gehört zu den elementaren Bestandteilen des Fußballspiels. Richtig bedeutsam im Spiel wird der Kopfball allerdings erst so langsam ab der U16, wenn auch mehr hohe und lange Bälle geschlagen werden, beispielsweise bei Flanken oder Abstößen.

Ich muss gestehen, dass ich mich vor allem in jüngeren Jahren schwer tat, mich mit dem Kopfball anzufreunden, und ich glaube, dass das individuelle Empfinden stark variiert: Der eine Fußballer wirft sich gern mit dem Kopf in jeden Ball, während der andere einen größeren Respekt davor hat. Auch deshalb unterstütze ich einen jüngeren Vorstoß des DFB, bei dem darum geht, mit dem Köpfen im Kinder- bis Jugendalter bewusster umzugehen. Zum einen durch neue Spielformen, die das Flachpassspiel fördern und zum anderen durch angepasstes Training, bei dem es beispielsweise nie über den Schmerz gehen sollte. Was aber immer sinnvoll ist, ist sich mit der Technik vertraut zu machen. Wer sich damit wohler fühlt, kann das auch gern mit einem weicheren Ball machen. In jüngeren Jahren ist intensives Kopfballtraining mit starken Bällen aber nicht zu empfehlen.

Hier sind 4 Schritte, mit denen dein Kopfballspiel zu einer Stärke werden kann:

1. Überwindung

Wenn du Angst haben solltest vor dem Kopfball, ist es wichtig, dass du keine vermeidende Schonhaltung einnimmst. Gehe mutig in den Ball. Einmal überwunden, wird es dir in Zukunft leichter fallen. Wichtig ist, dass du den Ball mit dem dicken Part deiner Stirn triffst und dass deine Hals- und Nackenmuskulatur angespannt ist.

2. Technik

Baue, bevor du den Ball triffst, eine Bogenspannung im Oberkörper auf. Also lehne dich mit dem Oberkörper zurück, um dann diese

Spannung zu entladen, wenn du mit dem Oberkörper nach vorn schnellst und den Ball mit Kraft triffst. Köpfe dabei gefühlt durch deine Arme hindurch. Das Ganze übst du am besten zuerst im Stand. Dafür brauchst du einen Partner, der dir den Ball zuwirft. Wenn du dich mit der Technik vertraut fühlst, versuchst du, den Ball im Sprung zu treffen. Das macht den Kopfball erst mal herausfordernder. Springe dafür mit beiden Füßen ab, nimm die Arme beim Sprung mit und baue dann die Bogenspannung in der Luft auf. Wenn du dich beim Kopfball wie Cristiano Ronaldo fühlen willst, ziehst du die Beine beim Sprung an.

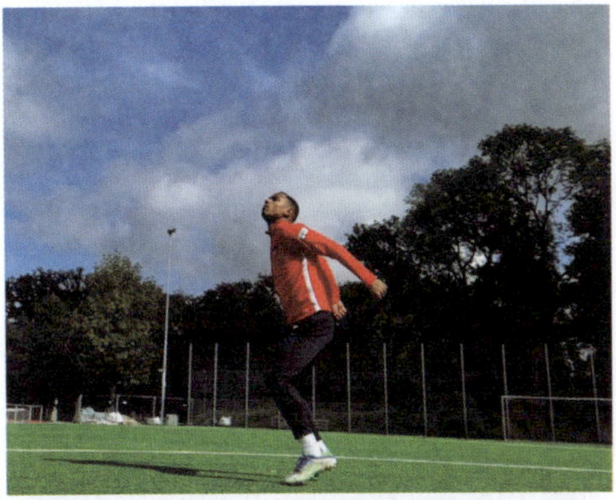

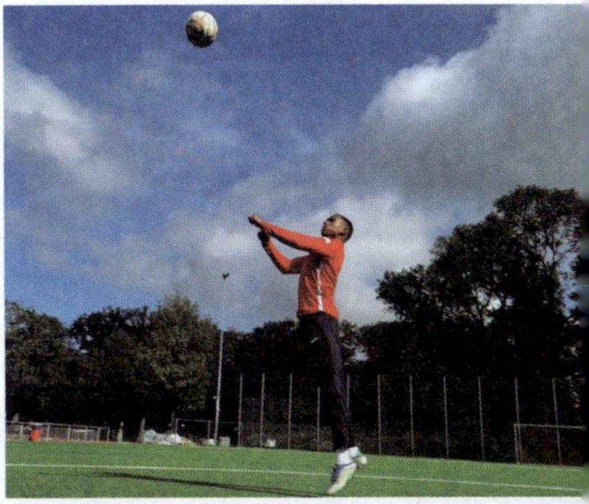

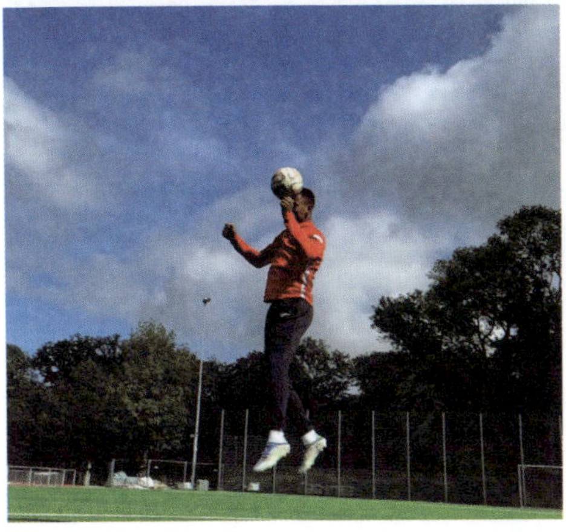

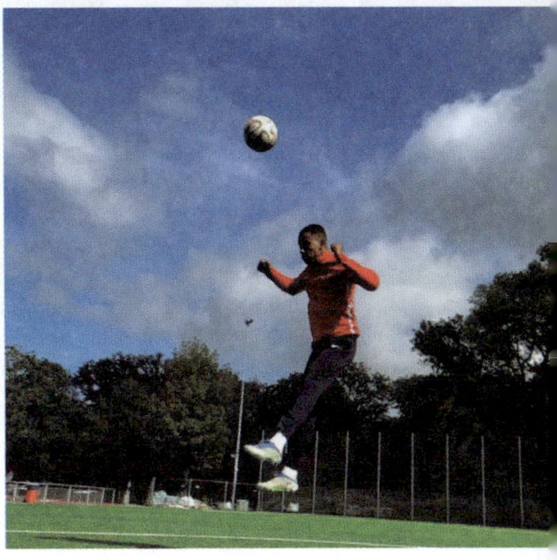

3. Timing

Um ein echter Kopfballspezialist zu werden, ist das Timing der entscheidende Faktor. Ein perfektes Timing sticht eine höhere Sprungkraft beim Kopfballduell locker aus. Ziel ist es, den Ball zu treffen, wenn du den höchsten Punkt deines Sprungs erreicht hast. Wenn du dies mit einem Partner übst, dann probiert es mit verschiedenen Winkeln bei der Flugkurve des Balls aus. Beginnt mit lockeren, flachen Bällen und übt später mit höheren Bällen.

4. Gefühl

Der Kopfball hat nie zu meinen Stärken gehört. Nachdem ich angefangen habe, Freestyle-Tricks zu üben und dabei auch begonnen habe, den Ball mit dem Oberkörper zu kontrollieren, konnte ich eine Verbesserung bei meinem Kopfballspiel feststellen. Dieses Gefühl mit dem Kopf, das nicht nur wichtig ist für dein Selbstbewusstsein, hilft dir, dem Ball die richtige Stärke und Richtung mitzugeben und auch technisch anspruchsvolle Bälle zu spielen. Das lässt sich auch sehr gut allein üben. Beispielsweise beim Jonglieren mit dem Kopf, also den Ball gerade nach oben zu köpfen und zu versuchen in der Luft zu halten. Oder beim Versuch, den Ball auf dem Kopf zu balancieren. Lege dir dabei den Ball mit den Händen auf die Stirn und nimm die Hände dann vorsichtig vom Ball, während du versuchst, durch Ausbalancieren zu verhindern, dass der Ball von deiner Stirn rollt.

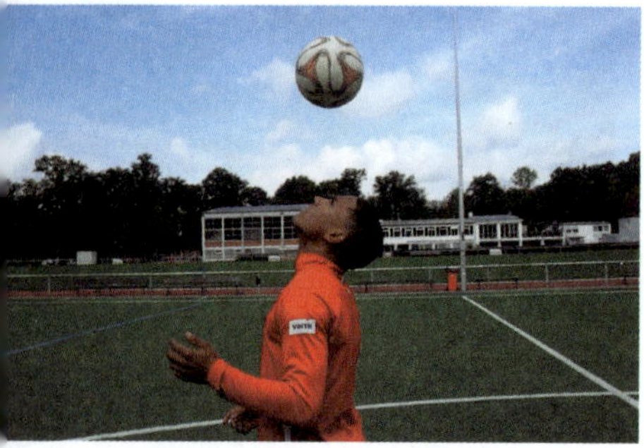

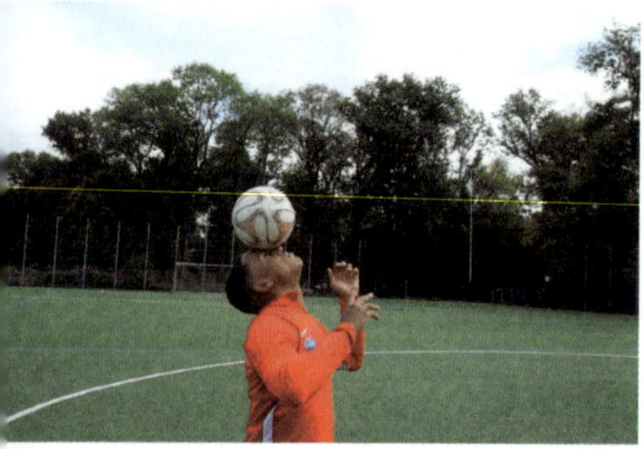

Schau dir dazu das Video auf YouTube an:

3. Deine Position

In diesem Kapitel gehe ich auf die verschiedenen Positionen der Feldspieler ein. Es wird dabei weniger um taktische Verhaltensweisen gehen, denn diese hängen auch immer von der Einstellung des Trainers und vom Verhalten des gesamten Teams ab.

Vielmehr wird es um die ballnahen Eigenschaften gehen, die von dir auf jeder Position verlangt werden, welche Stärken einen Topspieler auf seiner Position auszeichnen und wie du diese trainieren kannst.

3.1 Die richtige Position finden

Bevor es losgeht, fragst du dich aber bestimmt noch, wie du überhaupt die richtige Position für dich findest. Vielleicht hast du schon eine Vorliebe oder spielst sogar schon immer auf derselben Position. Aber auch in diesem Fall kann man sich die Frage nach der Position stellen.

Gerade als junger Fußballer solltest du dich nicht zu früh auf eine Position festlegen und dir schon gar nicht in den Kopf setzen, dass du nur auf einer bestimmten Position spielen kannst. Ebenso muss eine einzelne starke Eigenschaft nicht zu viel bedeuten. Wenn du beispielsweise einen guten Schuss hast, musst du nicht automatisch der geborene Stürmer sein. Bis zu einem gewissen Alter ist es auch nicht schlecht, öfter die Position zu wechseln. Das kann bis in die U13 oder U14 passieren, aber auch noch später stattfinden. Du solltest hier also immer offen für Neues sein und im Zweifelsfall auch deinem Trainer vertrauen, wenn er dich mal auf einer anderen Position einsetzt. Denn der Trainer hat von außen einen ganz anderen Blick auf dich und erkennt vielleicht Stärken bei dir, von denen du noch gar nichts weißt. Das kann aber übrigens auch in die andere Richtung gehen: Wenn du überzeugt davon bist, auf einer Position, auf der du bisher nicht eingesetzt wirst, deine Stärken noch besser ausspielen zu können, kannst du dies natürlich dem Trainer mitteilen. Deine Position kann sich innerhalb derselben Mannschaft, vor allem aber in unterschiedlichen Mannschaften, schnell ändern. Bei mir war es immer so, dass je besser die Mannschaft insgesamt war, desto defensiver habe ich gespielt.

Du kannst dir die zwei Fragen stellen: Was macht mir Spaß und worin bin ich gut? Zugegeben, oft gehen die Antworten in eine ähnliche Richtung, aber hier kommen einige Beispiele, in denen du dich vielleicht wiederfindest. Auf die einzelnen Positionen gehen wir anschließend im Detail ein:

- Du hast eine gute Übersicht auf dem Spielfeld, ein hohes Spielverständnis und brichst auch in engen Situationen, wenn du von vielen Gegenspielern umgeben bist, nicht in Panik aus: dann könntest du ein guter **zentraler Mittelfeldspieler** sein.
- Du hast den gewissen Zug zum Tor und kommst mit deiner Schnelligkeit und Dribbelstärke ganz natürlich in den dessen Nähe? Das klingt für mich nach einem **Flügelspieler**.
- Hast du ähnliche Eigenschaften, aber statt dem Torriecher bist du ein Laufwunder mit Pferdelunge? Dann gibst du bestimmt einen guten **Außenverteidiger** ab.
- Bist du körperlich stark, aber bleibst in brenzligen Situationen immer cool und bist vor allem gut beim Antizipieren, also kannst du Situationen gut vorausahnen und so Bälle frühzeitig abfangen? Das sind gute Eigenschaften für einen **Verteidiger**.
- Liebst du es aber auch, den Ball zu jagen und vom Gegner zu erobern? Wenn du laufstark bist, solltest du mal das **defensive Mittelfeld** ausprobieren.

- Und hast du einen richtig guten Schuss? Das heißt nicht, dass der Schuss dafür außergewöhnlich stark sein muss, aber mit einer Technik, die dir beim Abschluss hilft, die richtige Entscheidung beim Torschuss auch umzusetzen. In diesem Fall heißt es natürlich: ab in den Angriff und den **Torjäger** aus dir herauskitzeln.

3.2 Innenverteidiger

3.2.1 Eigenschaften

- Für einen Innenverteidiger ist es essenziell, ein sicheres **Passspiel** zu haben. Denn er ist meistens der erste Verantwortliche für das Aufbauspiel und da er niemanden mehr hinter sich hat, kann jeder Fehlpass von hinten heraus tödlich sein. Gerade wenn dem Innenverteidiger viel Verantwortung beim Aufbauspiel übertragen wird, hilft natürlich auch eine gewisse Übersicht weiter. Zudem ist ein Abwehrspieler, der dann auch die langen Bälle schlagen kann, besonders wertvoll.
- Selbstverständlich gibt es immer noch einige Innenverteidiger, die nicht die schnellsten und beweglichsten sind und ihre Qualität hauptsächlich aus ihrem Stellungsspiel beziehen. Diese Abwehrspieler werden jedoch immer seltener und **Schnelligkeit** und eine gute **Beinarbeit,** um beweglich zu sein vor allem in der Rückwärtsbewegung, werden immer wichtiger. Gerade die Koordination und Beinarbeit sind wichtig, um flexibel zu sein und auf gegnerische Aktionen reagieren zu können.
- Aber nicht nur auf den Beinen sollte man schnell sein, sondern auch im Kopf. **Antizipation** bedeutet, gedankenschnell zu sein und Situationen richtig und frühzeitig einzuschätzen. Das gibt einem die Chance, vor dem Gegenspieler an den Ball zu kommen und so die gegnerische Aktion schon früh zu klären.
- Ohne ein einigermaßen sicheres **Kopfballspiel** wird es ein Innenverteidiger schwer haben. Denn er ist der erste, der die langen

und hohen Bälle abfangen oder verteidigen muss. Nicht nur bei Flanken sollte er da kompromisslos sein, auch gegnerische Abschläge vom Torwart muss man öfter mit dem Kopf klären. Dabei ist auch eine gute Technik in der **Rückwärtsbewegung** gefragt.

- Nicht zu vergessen, das, woran man als Erstes denken würde bei einem starken Abwehrspieler: die **Zweikampfstärke**. Bei einem Innenverteidiger ist hier auch Robustheit gefragt. Er sollte sich nicht durch einfachen Körpereinsatz abkochen lassen, sondern ein Fels in der Brandung sein.

3.2.2 Übungen

Zu einigen Punkten wie Passspiel, Zweikampf oder Schnelligkeit wirst du schon in anderen Kapiteln fündig. Hier zeige ich noch zwei Übungen, die einen Partner benötigen und die ich gut geeignet finde, um in ein Training für zentrale Defensivspieler integriert zu werden.

■ Beinarbeit, Reaktion und Passen

Vor dir stehen links und rechts zwei Hütchen. Du befindest dich davor zwischen den Hütchen und machst Trippelschritte, dein Partner einige Meter entfernt. Dieser spielt dir den Ball wahlweise am linken oder rechten Hütchen vorbei. Du reagierst, machst die Bewegung nach außen und passt den Ball wieder mit der Innenseite zurück. Danach wieder schnell zurück in die Mitte und dort wieder schnelle Füße machen.

■ Kopfball, Passen und Standfestigkeit

Stelle eine Hütchenreihe, etwa ein Meter Breite, vor dir auf. Dein Partner und du passt euch die Bälle abwechselnd links und rechts davon zu. Sobald dein Partner den Ball ruhig stoppt, reagierst du so schnell wie möglich und kommst nach vorn. Schirme dann den Ball vor deinem Partner ab. Hier kann ein richtiger Zweikampf simuliert werden, also dein Partner kann ruhig viel Kraft reinlegen und versuchen, dich vom Ball wegzuschieben. Auf Kommando

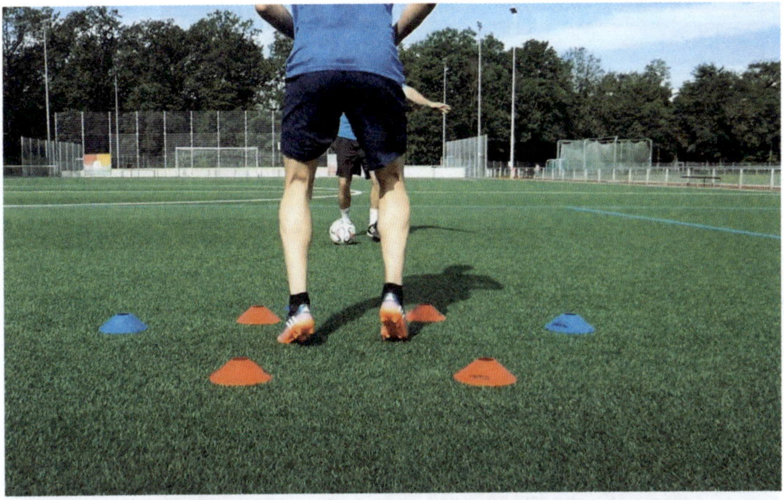

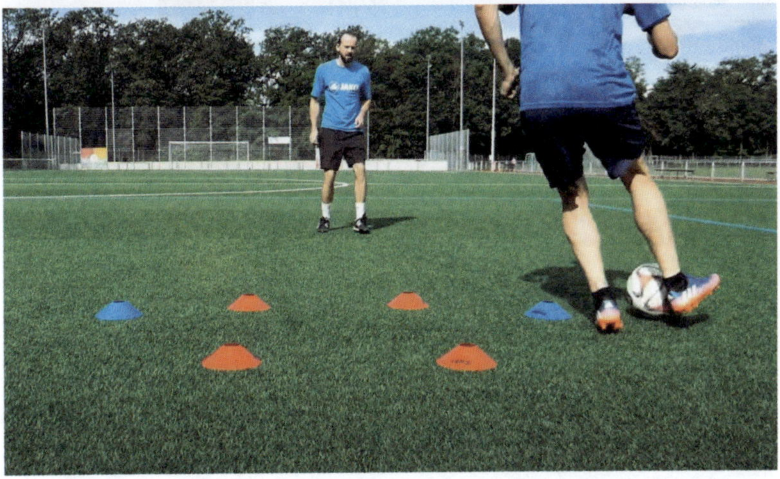

läufst du dann wieder hinter die Hütchenreihe. Dein Partner wirft dir während des Laufs den Ball in einem hohen Bogen zu, sodass du den Ball im Rückwärtsgang zurückköpfen kannst. Dabei ist wichtig, dass der Ball gut geworfen wird, nicht zu kurz und nicht zu weit, und du mit dem richtigen Timing hochsteigst. Ziel ist es, den Ball zu treffen, während du dich an deinem höchsten Punkt in der Luft befindest.

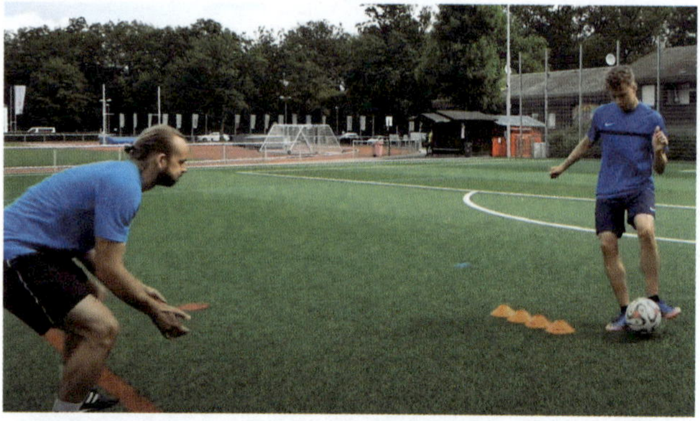

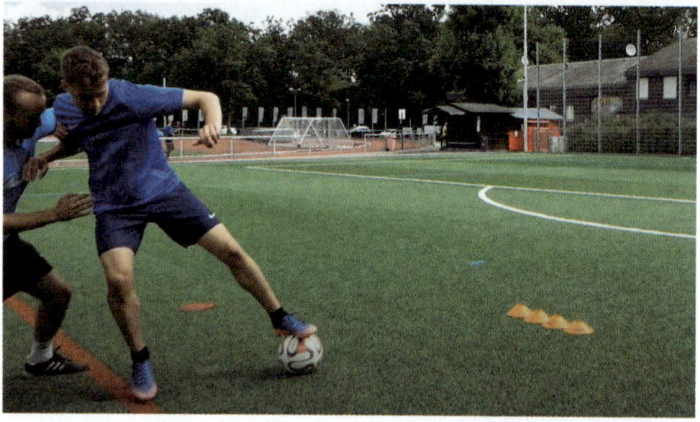

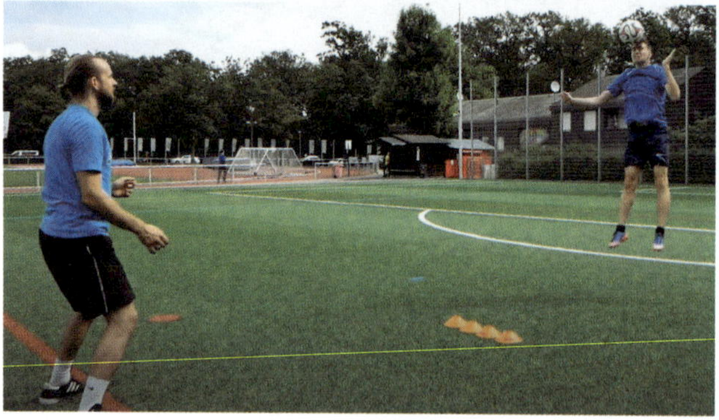

Schau dir dazu
das Video
auf YouTube an:

3.3 Außenverteidiger

Die Rolle des Außenverteidigers ist im modernen Fußball immer wichtiger geworden und die Ansprüche an ihn immer größer. So hat sich seine Rolle auch immer weiter vom klassischen Verteidiger zum flexiblen Außenspieler hin verändert und ist mittlerweile in modernen taktischen Systemen beim Schienenspieler angekommen. Dieser beackert eine komplette Außenbahn und muss defensiv so wie offensiv Akzente setzen können.

3.3.1 Eigenschaften

Wie angedeutet sind die Anforderungen umfangreich:

- **Ausdauer**

  Eine ganze Seite allein beackern? Man braucht nicht viel Vorstellungskraft, um festzustellen, dass dafür eine starke Grundlagenausdauer nötig ist. Achte beim Training darauf, dass du auch Intervallläufe einsetzt, also Passagen mit Tempoläufen oder Sprints in dein Lauftraining einbaust. Denn wenn der Außenverteidiger mit vorgeht oder wieder zurückmuss, geschieht das selten im Trab, sondern muss in einem hohen Tempo geschehen.

- **Schnelligkeit**

  Apropos hohes Tempo: Um in der Verteidigung gegen die schnellen Außenstürmer mitzuhalten, die auf der Außenbahn Platz für Läufe haben, sollte der Außenverteidiger selbst auch genug Schnelligkeit mitbringen, um dagegenhalten zu können. Dasselbe gilt dann auch, um in der Offensive Akzente setzen zu können.

- **Zweikampf**

  Als Außenverteidiger wirst du auf der Außenbahn öfter in Zweikämpfe verwickelt, denn dies ist der Ort, wo die gegnerischen Angreifer gern selbst das Risiko suchen und ins Eins-gegen-Eins gehen. Um hinten eine sichere Bank zu sein, solltest du dafür gewappnet sein.

- **Offensiv gefährlich sein**

Die offensive Gefahr strahlst du am ehesten durch Dribblings und vor allem durch Flanken aus. Schienenspieler wie David Raum bringen messerscharfe Flanken mit Schnitt und Speed und bereiten so viele Tore vor.

3.3.2 Übungen

- **Dribbling mit langen Passagen**

Erstelle ein großes Hütchen-Viereck mit ca. 10 × 20 Metern Seitenlänge, in dessen Mitte du zwei breite Hütchenhindernisse platzierst. Laufe nun eine lange Strecke des Vierecks in höchstem Tempo und umrunde die nächste Ecke möglichst eng, um dich daraufhin Richtung Mitte zu bewegen. In der Mitte versuchst du möglichst effizient, also mit wenig Ballberührungen, durch die Hütchen zu kommen. Nachdem du das Viereck diagonal durchquert hast, gehst du wieder möglichst eng um eine Ecke und läufst die lange Strecke in höchstem Tempo.

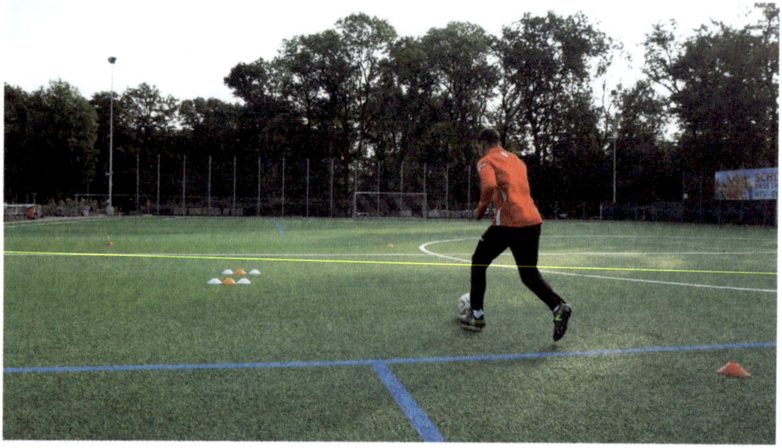

■ Umschalten und Zweikampf

Lege ein ca. 5 × 5 Meter großes Feld aus, in dem viele Hütchen zufällig verteilt liegen. Dein Partner steht mindestens 10 Meter weit entfernt. Du dribbelst frei durch die Hütchen, bis das Kommando deines Partners kommt. Daraufhin verlässt du das Hütchenfeld möglichst schnell, passt den Ball zum Partner, läufst

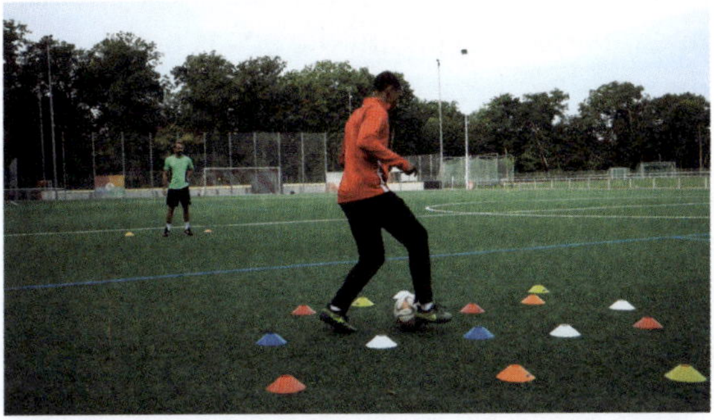

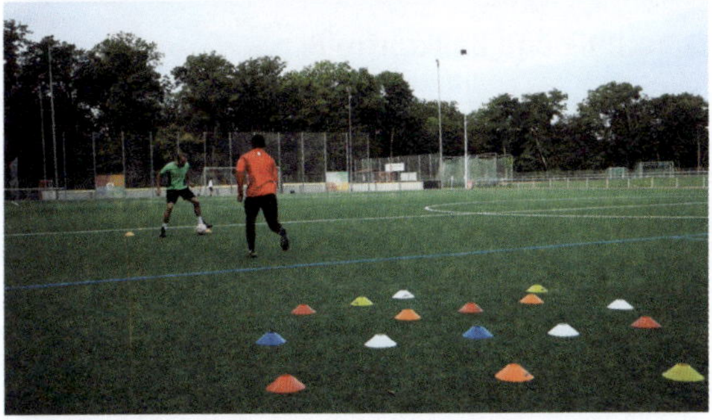

Schau dir dazu das Video auf YouTube an:

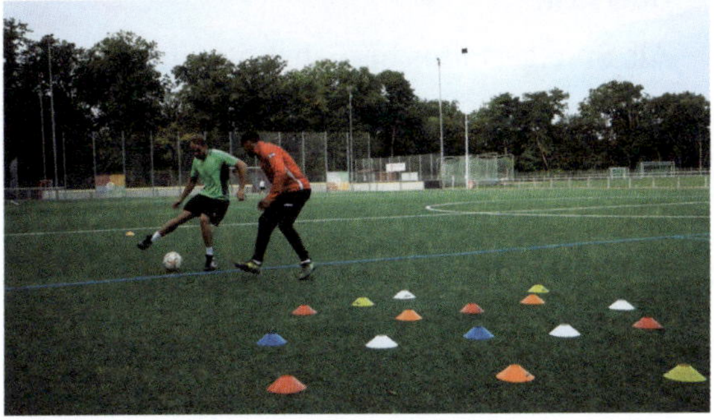

hinterher und stellst deinen Partner, der den Ball angenommen hat, und nun im Eins-gegen-eins-Dribbling versucht, an dir vorbeizukommen.

3.4 Zentraler Mittelfeldspieler

Wenn es hier um den zentralen Mittelfeldspieler geht, werde ich mich hauptsächlich auf die etwas defensiveren Typen, also den 6er und den 8er beziehen. Der klassische sehr offensive 10er hat sich von seinem Skillset mittlerweile eher zu den Außenspielern gewandelt. Die 6er und 8er sind der Motorraum einer Mannschaft, die den Takt vorgeben, die Mitspieler gekonnt einsetzen und um die Vorherrschaft im Mittelfeld kämpfen.

3.4.1 Eigenschaften

- **Technik und Ballkontrolle**

  Im zentralen Mittelfeld geht es erfahrungsgemäß sehr eng zu, daher ist es hier besonders wichtig, eine gute Ballbeherrschung zu haben. Das heißt, du solltest in der Lage sein, den Ball auf engem Raum zu sichern und Anspiele gut verarbeiten zu können, ohne dass dir der Ball weit wegspringt oder du viel Platz und Zeit brauchst, bis du den Ball unter Kontrolle gebracht hast.

- **Übersicht**

  Als Spielgestalter brauchst du ein gutes Gespür für das Spiel und was es braucht. Einen Seitenwechsel? Ist es besser, das Spiel schnell oder langsam zu machen? Das beinhaltet eine Form des Spielverständnisses, aber auch einen guten Blick zu haben für freie Mitspieler und in der Lage zu sein, schnell Entscheidungen treffen zu können. Außerdem darfst du dich auch in den engen Spielsituationen, wo du gepresst wirst, nicht aus der Ruhe bringen lassen.

■ Passspiel

Keine andere Position steht so für die Wichtigkeit eines sauberen Passspiels wie die des zentralen Mittelfeldspielers. Das Kurzpassspiel muss sitzen, denn ein zentraler Ballverlust kann tödlich sein, aber auch ein langer Ball muss gespielt werden können und im häufigeren Fall ankommen.

3.4.2 Tipps

■ Schulterblick

Wenn du von hinten heraus angespielt wirst, hast du meistens einen Großteil des Spiels in deinem Rücken. Um zu wissen, was auf dem Spielfeld passiert, musst du immer wieder einen Schulterblick machen, am besten kurz bevor du den Ball bekommst, um so schon früher und besser entscheiden zu können, was du mit dem Ball anfangen willst.

■ Richtige Ballannahme

Diese Entscheidung betrifft auch deine Ballannahme. Machst du einen Schulterblick und siehst, dass du Platz hinter dir hast, dann positioniere und öffne dich bei der Ballannahme so, dass du dich gleich in den offenen Raum orientiert hast.

■ Kein Angst, nach vorn zu spielen

Dies ist ein Punkt, der auch mit der Erfahrung kommt. Bist du neu auf dieser Position, ist es aber oft der Fall, dass man eher vorsichtig agiert (was nicht falsch sein muss). Wenn du allerdings die Möglichkeit hast und du Platz hast, solltest du auch mutig sein, nach vorn antreten oder auch mal bei einem langen Ball keine Angst vor einem Fehlpass haben.

- **Sicher nach hinten passen**

  Als zentraler Mittelfeldspieler wirst du viele Bälle nach hinten spielen, da du oft schon bei der Ballannahme bedrängt wirst. Diese Pässe müssen natürlich absolut sicher sein, denn jedes schlampige Abspiel kann hier zu einem gefährlichen Ballverlust führen.

- **Anspielbar sein**

  Als zentraler Mittelfeldspieler solltest du so häufig wie möglich eine Anspielstation für deine Mitspieler sein. Dafür musst du nicht nur in Bewegung bleiben, sondern auch das Spiel analysieren und passende Anspielsituationen finden. Befinde dich beispielsweise zwischen den Linien der gegnerischen Mannschaft als Anspielstation für einen Seitenwechsel oder als Klatschoption eines tiefen Balls.

3.4.3 Übungen

Die zentralen Eigenschaften Technik, Ballkontrolle und Passspiel werden schon in einigen anderen Kapiteln behandelt. Hier zeige ich noch eine etwas umfangreichere Übungen, für die du einen Partner benötigst.

- **Orientierung und Technik**

  Du befindest dich mit Ball in einem Viereck, ca. 2 × 2 Meter groß. An drei Seiten befindet sich jeweils in Entfernung von ca. 5 Metern ein Hütchen unterschiedlicher Farbe. An der vierten Seite in deinem Rücken steht dein Partner. Jongliere kurz den Ball und spiele ihn gerade hoch. Während der Ball in der Luft ist, schaust du nach hinten. Dort zeigt dein Partner eine der Farben an den drei Seiten an. Dann nimmst du den herunterkommenden Ball an und im Idealfall gleich in die richtige Richtung mit, umrundest das angezeigte Hütchen und kehrst wieder in die Mitte zurück.

Schau dir dazu das Video auf YouTube an:

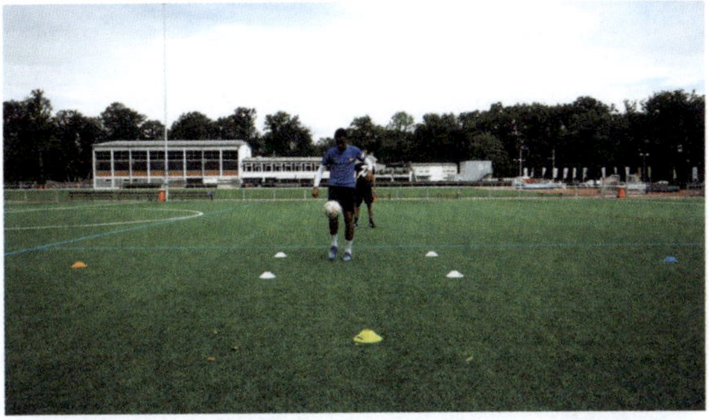

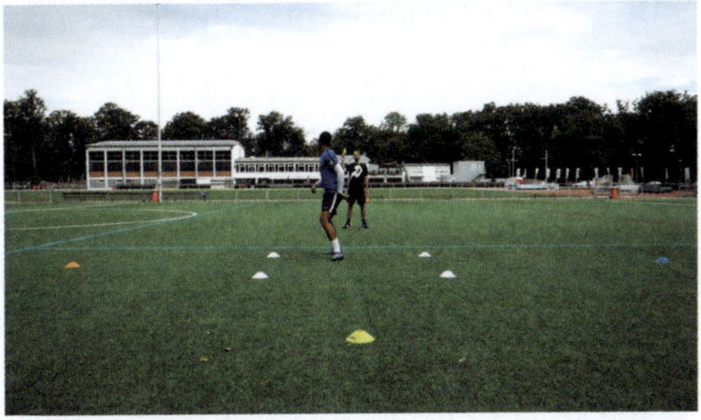

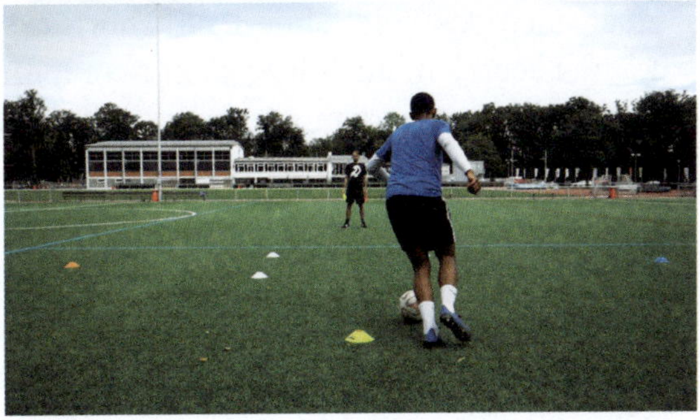

3.5 Flügelspieler

Da der klassische Spielmacher auf der 10 immer mehr am Aussterben ist, spielen die Flügelspieler bzw. Flügelstürmer immer häufiger die Hauptrolle in der Offensive. Sie sind bekannt für spektakuläre Dribblings, gefährliche Flanken und Torschüsse.

3.5.1 Eigenschaften

- **Geschwindigkeit**

  Wenig überraschend ist eine der ersten Anforderungen an den Flügelspieler: die Schnelligkeit. Ein Spieler mit einer etwas geringeren Endgeschwindigkeit kann dies allerdings auch mit einem starken Antritt kompensieren. So kannst du immer noch einem Gegenspieler entwischen oder einen entscheidenden Schritt schneller sein, um zur Flanke oder zum Abschluss zu kommen. Hierzu gehören auch eine gute Beinarbeit und Koordination, um flexibel und wendig zu sein.

- **Kreativität**

  Ein offensiver Flügelspieler sollte möglichst unberechenbar sein. In erster Linie denkt man dabei an Eins-gegen-eins-Situationen, in die man möglichst verschiedene Varianten reinbringt. Verschiedene Tricks, eine feine Technik oder einfach nur ein kurzer Antritt: lasse deinen Gegenspieler sich nicht auf dich einstellen. Aber auch das Spiel ohne Ball gehört dazu. Sich anbieten und Räume schaffen, auch hier kann man mal antäuschen: sich erst kurz anbieten und dann doch langgehen, das Spiel breit machen und so Räume für sich schaffen.

- **Flanken**

  Die Flankentechnik sollte definitiv beherrscht werden. Im Optimalfall beidfüßig, sodass der Ball mit Innenschnitt zum Tor hin oder mit Außenschnitt vom Tor weggeschlagen werden kann. Wenn beispielsweise mit dem schwächeren Fuß die Präzision etwas leidet, kann man trotzdem schauen, dass man die Technik so beherrscht, dass der Ball stark und scharf vors Tor geschlagen werden kann. So wird er für jede Abwehr unangenehm, wenn er vors Tor kommt.

■ Technik

Ein sehr allgemeiner Punkt, der zum einen beinhaltet, dass du in der Lage bist, bei hoher Geschwindigkeit die Kontrolle über den Ball zu behalten. Zum anderen solltest du in der Lage sein, hohe Anspiele zu verarbeiten und zu kontrollieren und auch die Ballan- und -mitnahme im höchsten Tempo sind eine Fähigkeit, die dir sehr weiterhelfen kann.

■ Schuss

Als Flügelspieler stehst du für Torgefahr, wozu ein starker Schuss am meisten beiträgt. Denn du wirst auch häufiger zum Abschluss aus Strafraumentfernung kommen. Hier kommen zwei Torschusstechniken besonders zum Tragen. Zum einen der Schlenzer ins lange Eck, nachdem du nach innen gezogen bist. Bekannt dafür wie kein anderer ist Arjen Robben, der als Linksfuß auf der rechten Seite gespielt hat, um diese Stärke besonders auszunutzen. Zum anderen der Abschluss mit dem äußeren Fuß ins lange Eck. Dieser Torabschluss kann sehr effizient sein, wenn du steil geschickt wirst oder außen an einem Abwehrspieler vorbeigehst.

■ Teamchemie

Je besser du dich fußballerisch mit deinen Sturmpartnern, vor allem dem Mittelstürmer, verstehst, desto bessere Synergien können entfaltet werden. Sich gegenseitig die Bälle auflegen und die Laufwege kennen, kann viel bringen. Natürlich lässt sich dieser Punkt nicht immer erfüllen, da man hier nicht allein mit drinsteckt und man dieses Verständnis auch nicht erzwingen kann, dennoch sollte es aber zumindest im Hinterkopf behalten werden.

■ Aktiv sein

Deine Hauptaufgabe ist es, gefährliche Situationen zu erzeugen. Dafür musst du aktiv sein. Mit und ohne Ball den Gegner unter

Druck setzen. Ihn beim Pressing zu Fehlern zwingen und ihm mit Dribblings oder abwechslungsreichen Offensivaktionen keine Ruhe lassen.

- **Laufstärke**

Ähnlich wie der Außenverteidiger oder Schienenspieler musst du auch auf der offensiven Außenbahn laufstark sein. Denn in der Rückwärtsbewegung gehört es auch dazu, einen gegnerischen, offensiv eingestellten Außenverteidiger zu verteidigen, um nicht in Unterzahl zu geraten.

3.5.2 Übungen

- **Lange Pässe verarbeiten**

Stelle ein ca. 4 × 4 Meter großes Viereck aus verschiedenfarbigen Hütchen auf, in dem du mittig im hinteren Teil stehst. Dein Übungspartner spielt dir aus großer Entfernung (mindestens 20 Meter) in verschiedenen Varianten, also hoch, flach oder aufspringend, den Ball zu. Dazu gibt er per Kommando eine Farbe mit. In die Richtung des Hütchens mit der Farbe nimmst du den Ball mit, umrundest es und spielst einen Pass zurück.

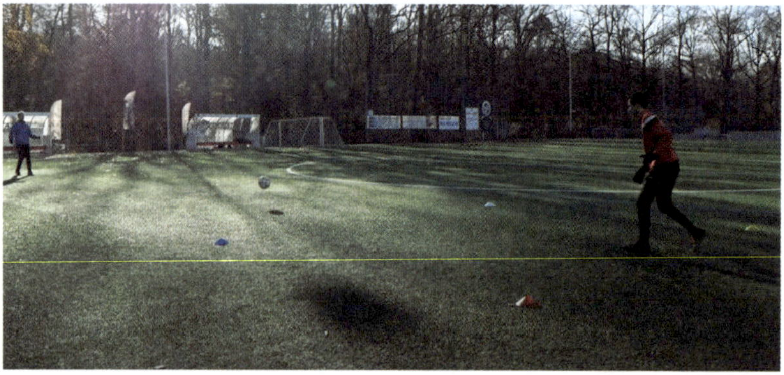

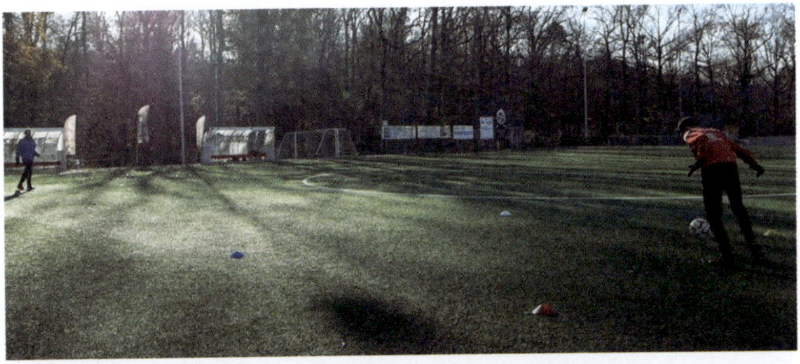

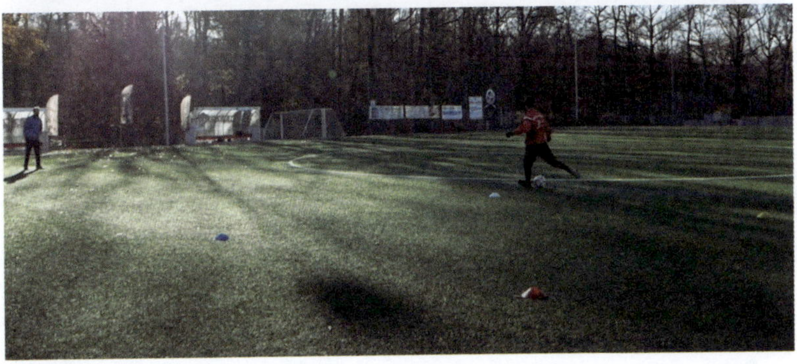

Variante mit Flanke

Stehe an der Seitenlinie und empfange einen langen Pass aus der Zentrale, wieder in verschiedenen Varianten. Nimm den Ball direkt die Seitenlinie entlang mit und versuche im Anschluss, möglichst schnell zur Flanke zu kommen. Schaue, dass du hierbei eine effiziente Umsetzung hast, also nach der Ballmitnahme in möglichst wenigen Schritten zu einer Flanke kommst. Nicht überhastet, sondern durch eine optimale Vorlage mit einem langen Schritt.

Abschluss mit Dribbling

Stelle eine kleine Hütchenreihe von vier Hütchen schräg seitlich vom Tor in ca. 20 Meter Entfernung auf. Durchlaufe diese mit kleinen Trippelschritten seitlich im Slalom. Am Ende der Hütchen liegt ein Ball, den du einmal nach innen mitnimmst. Mit einer

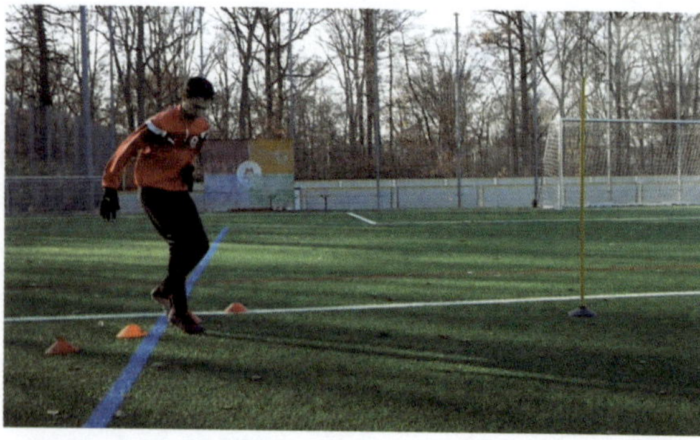

Schau dir dazu das Video auf YouTube an:

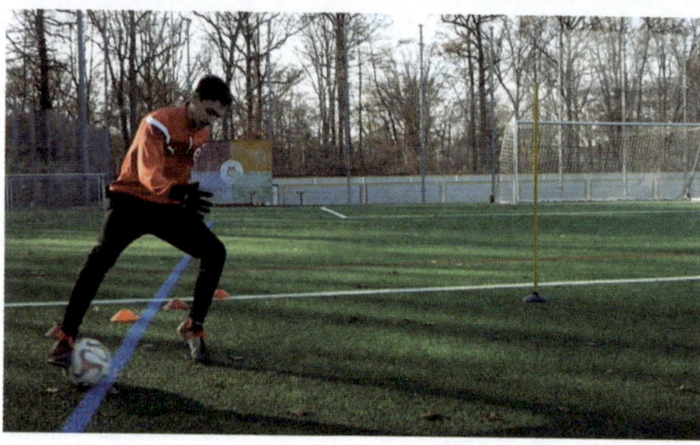

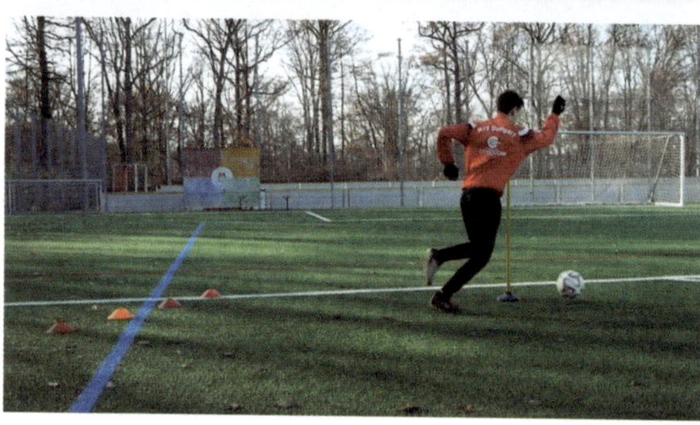

Körpertäuschung lässt du ein weiteres Hindernis stehen und suchst im Anschluss einen Abschluss aufs Tor. Wenn du einen Partner hast, kann dieser dir auch einen harten Pass zuspielen, wenn du die Hütchen verlässt. Nimm den Pass an, mache die Körpertäuschung und komme dann zum Abschluss, nachdem du dir den Ball einmal vorgelegt hast.

3.6 Stürmer

Die Position des Stürmers ist eine der spannendsten. In den modernen Spielsystemen gibt es in der zentralen Spitze nur eine einzige Position für den Mittelstürmer, was wiederum einen einzigartigen Spielertypen erfordert. Er ist der Spieler, der im Normalfall die meisten Tore innerhalb des Teams erzielt. Es gibt verschiedene Spielertypen, die die Rolle des Mittelstürmers unterschiedlich ausfüllen. Die Stärken eines klassischen Torjägers sind oft schwer greifbar: der sogenannte „Torriecher", immer an der richtigen Stelle zu stehen, oder die „Kaltschnäuzigkeit" vor dem Tor, vor dem Tor cool zu bleiben und die wenigen Torchancen zu nutzen. Stürmer haben oft die Rolle als Wandspieler, also Bälle vorn festmachen und sichern und ablegen für die nachrückenden schnellen Offensivspieler. Es gibt aber auch die schnellen und dribbelstarken Spieler, die selbst auch gern mal aus der Tiefe kommen. Eine Zeit lang war hierfür auch der Begriff der „falschen 9" populär, da er nicht wie der klassische Abstauber mit Torinstinkt agierte. Es gibt dennoch einige Eigenschaften, die für jeden Stoßstürmer wichtig sind.

3.6.1 Eigenschaften

- **Instinkt und Antizipation**

  Hier will ich die Eigenschaften zusammenfassen, die zu den schwer definierbaren gehören und den Torinstinkt ausmachen. Wenn ein Stürmer einen guten Torriecher hat oder immer richtig steht, dann hängt das meist mit seiner Spielintelligenz zusammen. Das ist natürlich schwer zu trainieren, man kann sich aber aufmerksam auf dem Spielfeld verhalten und versuchen, Situationen zu antizipieren. Dabei kann es auch helfen, selbst andere Fußballspiele genauer zu beobachten, um so mit verschiedenen Situationen vertrauter zu werden und darauf früher zu reagieren.

■ Reaktion

Denn je schneller du richtig reagierst, desto höhere Chancen hast du, vor dem gegnerischen Abwehrspieler an einen Pass oder eine Flanke zu kommen. Also nicht nur frühzeitig die Situation erkennen, sondern auch noch möglichst schnell schalten und die Bewegung in die Beine umsetzen.

■ Athletik

Gerade wenn wir von einem Stoßstürmer in der Rolle als Wandspieler ausgehen, sind Robustheit und Zweikampfstärke gefragt. Wenn man vom gegnerischen Verteidiger schon vor der Ballannahme bedrängt wird, muss man sich am Boden und in der Luft behaupten und einen Ball am Fuß sichern können. Dazu kommt auch noch Schnelligkeit, um nicht bei jedem Laufduell abgekocht zu werden. Denn diese Laufduelle wird es geben, wenn man auch mal steil geschickt wird.

■ Abschluss

Wenig überraschend steht hier auch der Abschluss. Dabei fasse ich mehrere Aspekte zusammen. Zum einen gehört natürlich die Schusstechnik dazu, welche im Kapitel zum Torschuss behandelt wurde, mit allen Tipps zum Abschluss. Das allein reicht aber nicht. Denn eine Spielsituation ist immer etwas anderes als das Training und kann in diesem nie eins zu eins nachgestellt werden. Diesen Skill, vor dem Tor cool zu bleiben, kann man effektiv nur mit Erfahrung weiterentwickeln oder sich bestimmte Situationen ausmalen, im richtigen Moment erkennen und dann die richtige Lösung umsetzen. Besonders wichtig ist auch die Technik beim oder mit dem ersten Ballkontakt, wenn es darum geht, Pässe oder Flanken direkt als Torschuss zu verwerten. Einen Ball hier volley zu nehmen, ist dabei ebenso wichtig, wie einen Ball mit dem Kopf verwerten zu können. Dies ist eine anspruchsvolle Technik, die aber auch hervorragend trainiert werden kann.

3.6.2 Übungen

Die wichtigste Eigenschaft des Stürmers ist das Toreschießen. Die besten Tipps und die praktischsten Übungen dafür findest du im Kapitel über den Torabschluss.

Der Athletik wird später noch ein großes Kapitel gewidmet. Das wird dir helfen, robuster und stärker im offensiven Zweikampf zu werden.

Den Abschluss kann man ausgiebig trainieren. Dafür ist ein Trainingspartner wichtig, der dir Bälle zuspielt. Flanken wären hier die erste Wahl, da diese die häufigsten Zuspiele sind, die du mit dem ersten Kontakt auf das Tor bringst.

In der einfachsten Variante läuft dein Partner mit dem Ball die Seitenlinie entlang und du bewegst dich gleichzeitig Richtung Tor in Erwartung einer Flanke. Wenn ihr kurz vor der Höhe des Strafraums seid, spielt dein Partner den Ball in den Strafraum und du versuchst ihn mit dem ersten Kontakt zu verwandeln. Dies ist auch ohne Gegenspieler eine gute Übung für die Technik beim Torabschluss. Es ist hier auch kein Problem, wenn die Bälle nicht perfekt kommen, denn so werden viele verschiedene Situationen simuliert, die ähnlich im Spiel auftauchen werden. Ein Gefühl für verschiedene Winkel und Stellungen im Strafraum zu bekommen, ist für einen Torjäger wichtig, denn kein Zuspiel in einem Spiel gleicht dem anderen. Manchmal wirst du auch nicht mit dem ersten Kontakt abschließen können. Versuche dir dann den Ball möglichst effizient vorzulegen, sodass du so schnell wie möglich in eine gute Schusshaltung und -position kommst. Ein weiterer Benefit bei dieser simplen Übung, die auch oft beim Warm-up gemacht wird, ist, ein Gefühl für das Timing zu bekommen. Im Optimalfall triffst du den Ball, wenn du noch Höchstgeschwindigkeit hast und nicht auf den Ball im Strafraum warten musst. Je mehr Durchläufe ihr macht, desto mehr wirst du ein Gespür dafür bekommen, wann der Ball im Strafraum landen wird und wann du dafür lossprinten musst.

4. Tricks

Kommen wir zur Kür auf dem Platz. Auch wenn Körpertäuschungen ein elementarer Bestandteil im Fußball sind, würde ich die Fußballtricks in ihrer Gesamtheit nicht zu den Basics zählen. So wird ihnen die Ehre eines eigenen Kapitels zuteil. Tricks stehen für eine besonders feine Technik und für die besonderen Momente auf dem Spielfeld. Aktionen, die die Zuschauer begeistern und die Gegenspieler besonders alt aussehen lassen können. Zwischen überlegener Ballbeherrschung und zur Schau gestellter Arroganz liegt allerdings ein schmaler Grat. Ineffektive Tricks nur für die Galerie werden von keinem Trainer der Welt gern gesehen. Trotzdem möchte ich in diesem Kapitel dazu ermutigen, Tricks zu üben und im Optimalfall irgendwann im Spiel einzusetzen.

Es gibt verschiedene Typen von Spielern, die Tricks einsetzen. Man kann hier keine bekannteren Beispiele als Cristiano Ronaldo und Lionel Messi nehmen. CR7 ist wohl der Spieler, der Tricks im Spiel populär gemacht hat und dem es vor allem in der Anfangszeit, und auch seinen zahlreichen Nachahmern auf jedem Niveau, als Arroganz oder Überheblichkeit ausgelegt wurde. Abgelöst wurde er hier in seinem Image von Neymar. Diesen machen für mich bei aller Kritik an einer überheblichen Spielweise vor allem seine Tricks zu einem einzigartigen Spieler. Kein anderer kann seine Tricks so effektiv einsetzen. Niemand sonst setzt diese Tricks, die jeder für unrealistisch oder nicht umsetzbar in einem echten Spiel hält, tatsächlich ein. Lionel Messi war dafür immer das Gegenstück. Er ist zwar der Dribbler schlechthin mit Läufen über das halbe Spielfeld und ließ dabei noch zusätzlich die halbe gegnerische Mannschaft stehen, allerdings setzt er bei seinen Dribblings selten ausgefallene Tricks oder Übersteiger ein. Vielmehr setzt er auf kleine Körpertäuschung und die richtige Übersetzung beim Antritt, um seine Gegenspieler hinter sich zu lassen.

Beim Üben der Tricks muss man nicht nur strikt das Resultat sehen, wie viele Gegenspieler man irgendwann damit ausgespielt hat. Es ist auch für sich eine gute Übung mit dem Ball. Es kann eine Abwechslung im Training sein, macht Spaß, fördert Kreativität sowie technische und koordinative Fähigkeiten. Also auch wenn man nur sehr selten einen Trick einsetzen wird, ist das Training keine verschwendete Zeit.

4.1 So lernst du Tricks am besten

Trotzdem ist es das höchste der Gefühle, wenn man einen gelernten Trick auch tatsächlich das erste Mal erfolgreich in einem Spiel einsetzt. Diese Umsetzung ist aber auch meist der schwierigste Part. An erster Stelle steht das Lernen des Tricks. Also Bewegung und Technik nachvollziehen und auf einem freien Platz so lange üben, bis der Trick perfekt sitzt. Er muss nicht unbedingt bei hundert Prozent sein, sollte aber doch nah dran sein. Gib dich dabei aber nicht zu früh mit einer schlampigen Ausführung zufrieden. Das gilt vor allem, wenn die Tricks etwas komplizierter werden und für ihre Ausführung eine feine Technik benötigen, die keine Ungenauigkeiten verzeiht. Hier kann es sogar ratsam sein, sich selbst zu filmen, um auch so mal die Wirkung eines Tricks zu kontrollieren.

Nachdem man einen Trick auf einem freien Platz ohne Markierungen geübt hat, kann man dazu übergehen, den Trick mit einem Hindernis zu üben, welches einen Gegenspieler simuliert. Das ist wichtig, da es einem schon mal das erste Gefühl dafür gibt, wie viel Platz der Trick beansprucht und wie groß der räumliche Abstand folglich sein muss, in dem man vor dem Hindernis mit dem Trick einsetzt. Beginnt man aus dem Lauf zu spät mit dem Trick, kann es sein, dass man fast in das Hindernis hineinläuft. Um dann noch ein besseres Gefühl für den richtigen Abstand zu bekommen, solltest du irgendwann dazu übergehen, mit einem echten Gegenspieler zu üben. Die tatsächliche Effektivität einer Finte ist so schwer zu testen, da der Gegenspieler ja weiß, was du vorhast, allerdings kann er sich trotzdem beim Verteidigen bewegen, mitgehen oder aktiv angreifen. So wirst du feststellen, dass man einen Trick nicht zu spät ansetzen kann, sondern auch zu früh. Machst du deine Finte zu früh, verpufft der Effekt und der Gegenspieler kann sich wieder bequem neu auf dich einstellen, bis du bei ihm bist. Machst du den Trick zu spät, bist du nah auf dem Gegenspieler drauf und dieser kann einfach eingreifen. So einen Trick zu lernen, ist mit genug Übung immer möglich. Die Kunst besteht allerdings darin, dies auch ins Spiel zu übertragen und dort einen Trick in der richtigen Situation und zur richtigen Zeit einzusetzen. Ein Wettkampfspiel ist immer eine komplett andere Situation und lässt sich auch mit keiner Trainingsübung simulieren. Solche Tricks intuitiv zu machen, dauert eine Weile. Um dahin zu kommen, empfiehlt es sich tatsächlich, sich für das Training oder den Freizeitkick einen bestimmten Trick für eine bestimmte Situation vorzunehmen. Wenn du dann in dieser Situation bist, geht es darum, den Trick ganz bewusst auszuführen und sich auch zu trauen, durchzuziehen. Sollte es nicht gleich klappen, musst du nicht gleich aufgeben. Analysieren was falsch lief, überlegen, wie du es besser machen könntest, und zu einem späteren Zeitpunkt wieder ausprobieren. Im Idealfall wirst du irgendwann so vertraut mit dem Trick werden, dass du intuitiv die richtigen Situationen erkennst und ihn ohne zu überlegen einsetzen kannst.

4.2 Die besten Tricks fürs Spiel

Tricks sollten in einem ernsthaften Spiel nie nur zum Selbstzweck da sein. Das bedeutet, sie sollten dich effektiv aus einer Situation befreien oder für einen großen Vorteil sorgen. Sollte das nicht der Fall sein, wird das bald auffallen und du wirst sicherlich die richtigen Kommentare dazu von deinem Trainer bekommen. Nicht jeder Trick ist für jede Situation geeignet. Ich habe für die häufigsten Situationen die besten Tricks herausgesucht, welche auch noch realistisch umzusetzen sind.

4.2.1 Tricks frontal

- **Körpertäuschung**

  Der einfachste „Trick" an erster Stelle. Ein wirklicher Trick ist die Körpertäuschung nicht, aber die Prinzipien gelten für viele Tricks, weswegen wir sie zu Beginn etwas genauer anschauen. Wenn du relativ gerade auf einen Gegenspieler zuläufst, machst du für die Körpertäuschung einen energischen Ausfallschritt zu einer Seite und nimmst dann mit der Außenseite des anderen Fußes den Ball in die andere Richtung mit. Der Trick wird zum einen effektiver, je schneller du die Bewegung ausführen kannst, und zum anderen, je antäuschender deine Bewegung ist. Denk also daran, dass der erste Schritt schon so aussehen soll, als würdest du in diese Richtung starten wollen. Dafür zuckst du am besten nicht nur leicht mit dem Bein, sondern nimmst deinen ganzen Körper von der Hüfte ausgehend mit. Wenn du einen energischen Ausfallschritt machst, hast du so auch direkt einen guten Stand, um dich direkt kraftvoll in die andere Richtung abzustoßen.

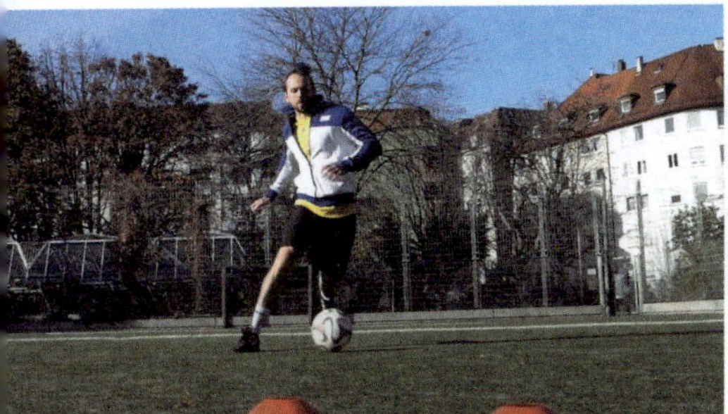

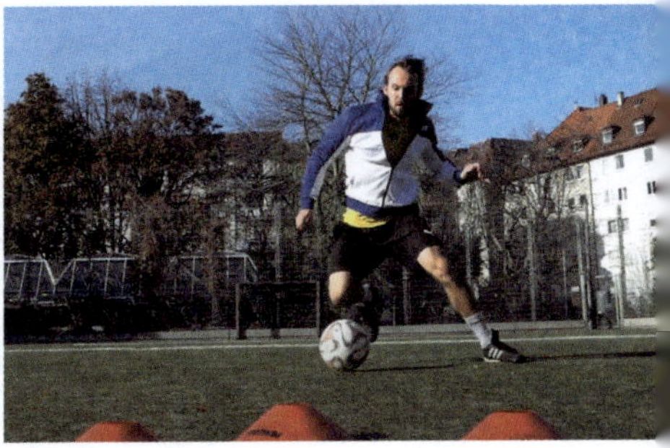

Übersteiger

Der Übersteiger ist in seiner Ausführung eine Erweiterung zu der oben beschriebenen Körpertäuschung. Statt einem einfachen Ausfallschritt machst du eine runde Bewegung vorn um den Ball. Mittlerweile wird dieser Trick auch gern als Schere bezeichnet, ich bleibe aber weiterhin bei Übersteiger. Bei der Bewegung gehst du von innen nach außen vorn am Ball vorbei und stellst den Fuß so im Boden ab, dass du dich kraftvoll in die andere Richtung abstoßen kannst. Hier gilt auch wie bei der Körpertäuschung, die Bewegung möglichst mit dem ganzen Körper anzutäuschen. Für den Übersteiger gibt es zahlreiche Varianten. Angefangen mit dem doppelten Übersteiger, also einen mit rechts und einen mit links direkt hintereinander zu machen, bevor man den Ball zur Seite mitnimmt. Oder einen Übersteiger nach innen. Dabei

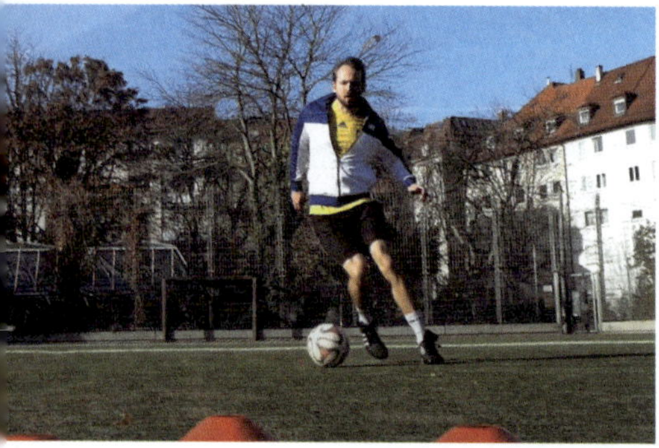

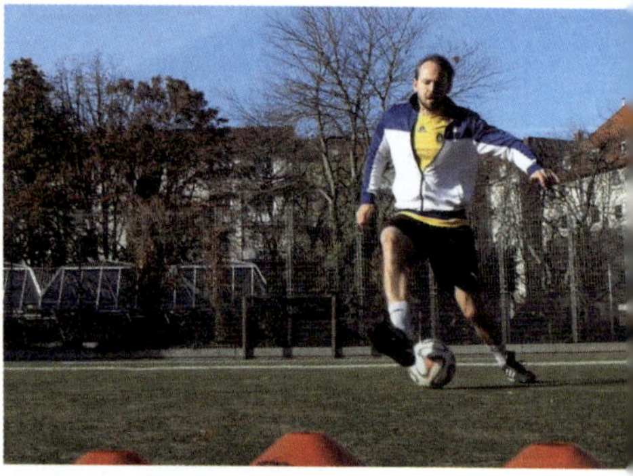

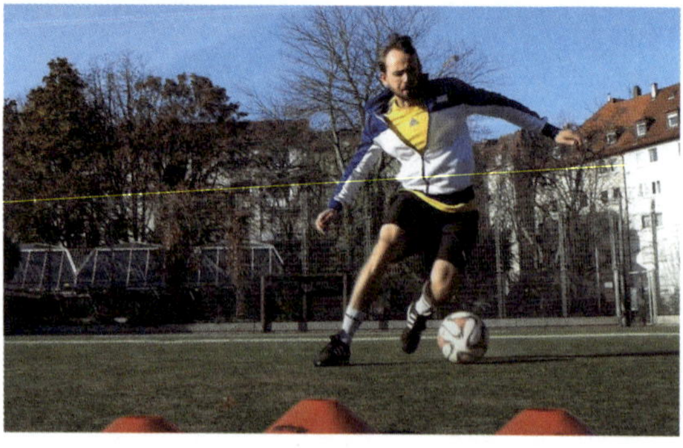

gehst du mit dem Fuß von außen nach innen vorn am Ball vorbei und nimmst ihn dann mit der Außenseite desselben Fußes nach außen mit.

La Croqueta

Der Croqueta ist ein weiterer Basic-Trick, dessen Technik in das Repertoire eines jeden Fußballers gehören sollte. Es ist der Spezialmove der Mittelfeld-Legende Andrés Iniesta. Der Edeltechniker des FC Barcelona war bekannt dafür, auf engstem Raum die Gegner auszudribbeln, wofür dieser Trick charakteristisch und bestens geeignet ist. Schiebe dafür den Ball mit dem starken Fuß seitlich vor deinem Körper auf den schwachen Fuß und spiele mit diesem den Ball gerade nach vorn. Wichtig ist, dass du den Ball bei der ersten Berührung tatsächlich mehr schiebst

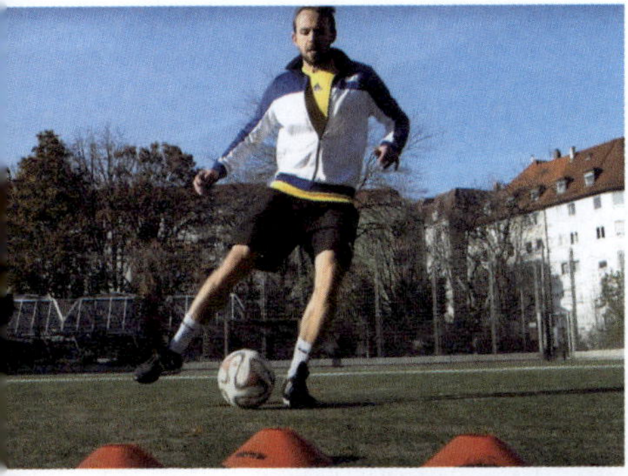

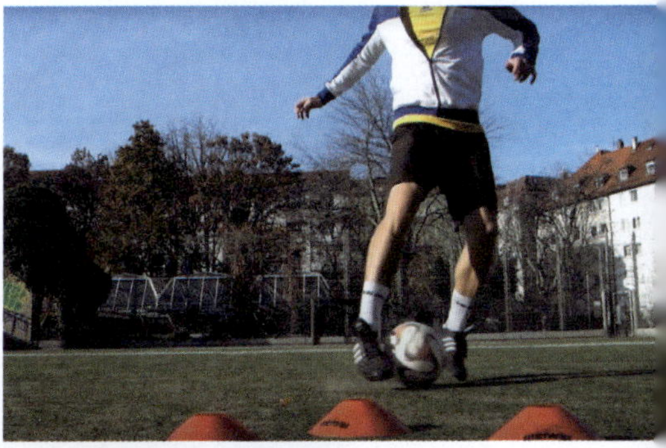

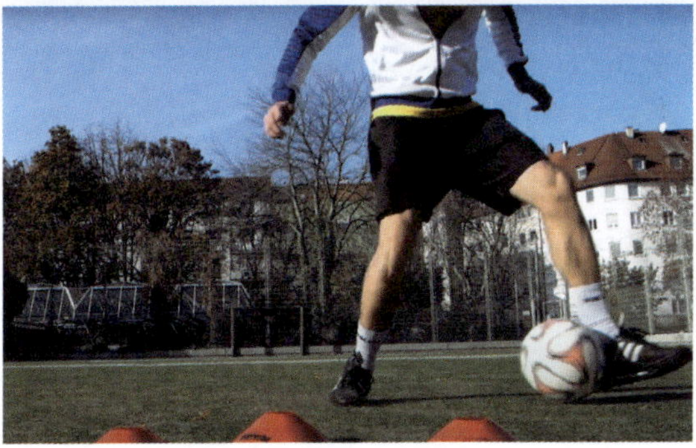

und nicht kickst, um ihn vom einen auf den anderen Fuß zu bekommen. Der Ball sollte dabei auch nicht nach vorn gespielt werden, sondern gerade vor deinem Körper von der einen auf die andere Seite gehen. Je schneller und vor allem je weiter du den Ball dabei schiebst, desto effektiver kann der Trick werden. Mit der zweiten Berührung spielst du den Ball nach vorn und theoretisch am Gegner vorbei. Dieser Trick kann aus dem Lauf gemacht werden, dies ist aber nicht seine beste Einsatzmöglichkeit. Er kommt öfter in engen Zweikampfsituationen zum Einsatz, wo man einem gegnerischen Angriff ausweichen möchte. Er ist ideal, wenn der Gegner vor dir mit seinem Fuß in Richtung deines Balls geht. Mit dem Croqueta lässt du den Ball vor dem Gegner ausweichen, behältst trotzdem die Kontrolle und kannst in einer flüssigen Bewegung den Ball vorbeilegen und dich wegbewegen.

■ Sole Roll

Die Sole Roll hat eine ähnliche Funktion wie der Croqueta-Trick. Ziehe den Ball mit der Sohle gerade vor deinem Körper von der einen auf die andere Seite und spiele dann den Ball mit der Innenseite des anderen Fußes nach vorn. Du brauchst hier etwas mehr Platz als beim Croqueta, kannst dafür aber auch mehr Raum überspielen und die Sole Roll wird auch öfter im Lauf eingesetzt. Im Vergleich zum Croqueta könnte man sagen, dass hier nicht nur einem einzelnen Fuß ausgewichen wird, sondern einem ganzen Gegner, der im Lauf auf den Ball zukommt.

■ V-Drag

Noch ein Trick, der in seiner Funktion und seinem Einsatzgebiet dem Croqueta ähnelt. Beim V-Drag ziehst du den Ball, wenn er sich beispielsweise vor dir leicht links befindet, mit der rechten Sohle schräg nach hinten zu dir zurück, um ihn dann direkt mit der Innenseite desselben Fußes schräg in die andere Richtung zu spielen. Also mit dem Ball eine V-Form nachfahren. Dieser

Trick ist am wenigsten aus dem Lauf geeignet, sondern findet fast immer aus dem Stand statt. Auch hier ziehst du den Ball wieder vor einem ankommenden gegnerischen Fuß weg, um mit einer flüssigen Bewegung den Ball in eine andere Richtung zu spielen und dich hinterherzubewegen.

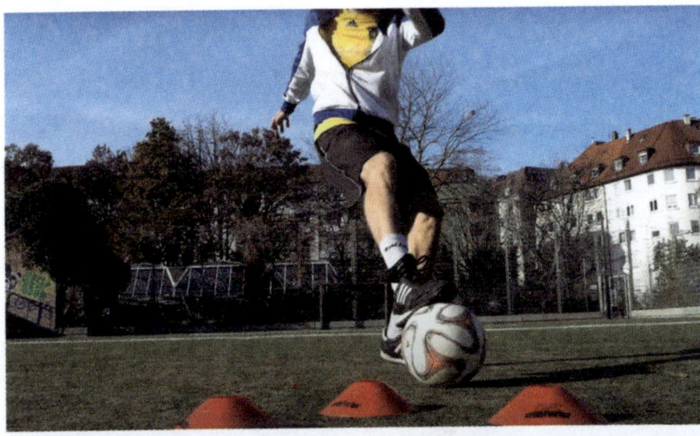

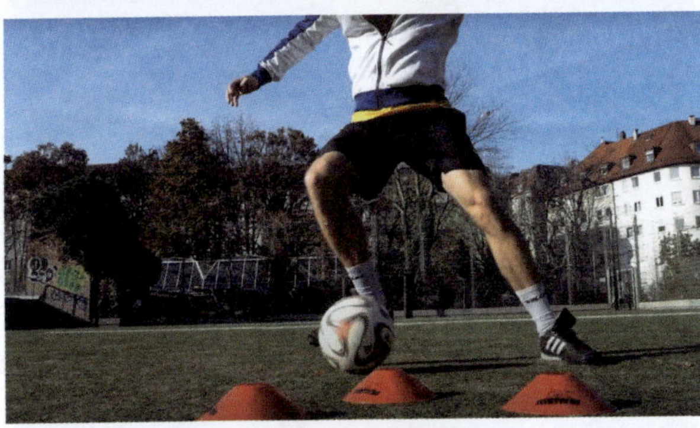

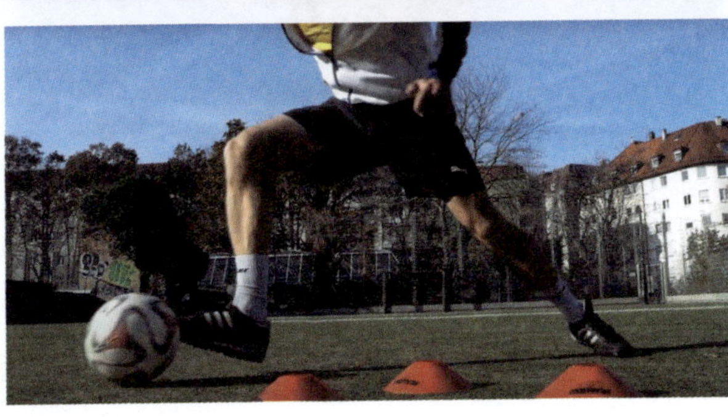

Schussfinte

Die Schussfinte gehört zu den verbreitetsten Tricks, welcher auch schon oft intuitiv und unbewusst eingesetzt wird. Sie ist einfach zu lernen und umzusetzen und findet ihre Perfektion eher beim richtigen Timing. Es gibt verschiedene Wege, wie der Trick ausgehen kann. Am meisten Anwendung findet der Trick in der Umgebung des Strafraums, am besten, wenn du dich in einer Schussposition befindest. Du täuschst einen Schuss an, nimmst also die Körperhaltung ein, die du bei einem Schuss hast, mit einem weit ausholenden Bein und einem ausgestreckten Arm zur Balance. Statt aber mit dem Bein komplett durchzuziehen und zu schießen, kappst du den Ball ab und machst einen Haken nach innen. Wenn du also einen Schuss mit beispielsweise rechts antäuschst, der an deinem Gegenspieler vor dir rechts vorbeigehen würde,

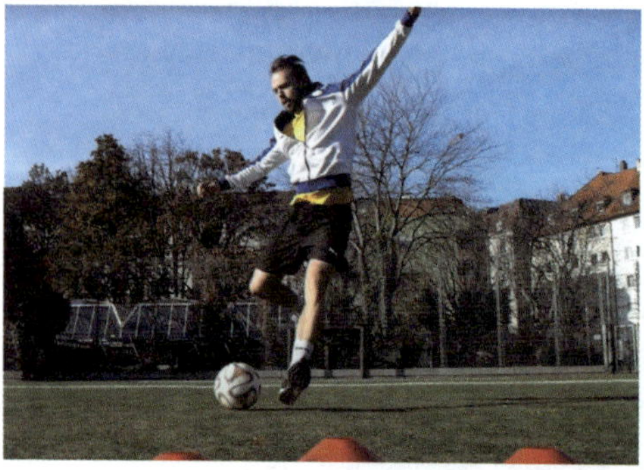

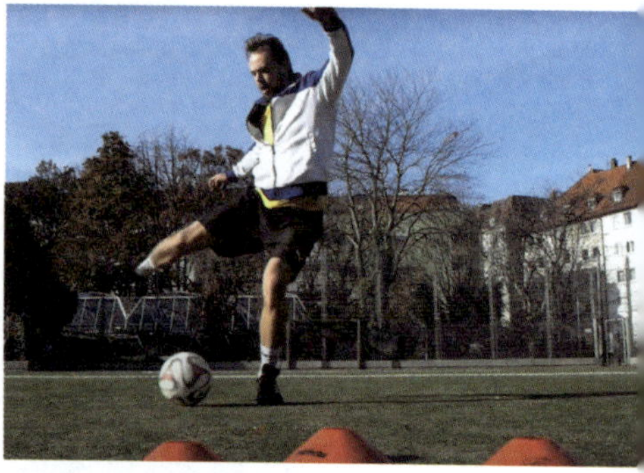

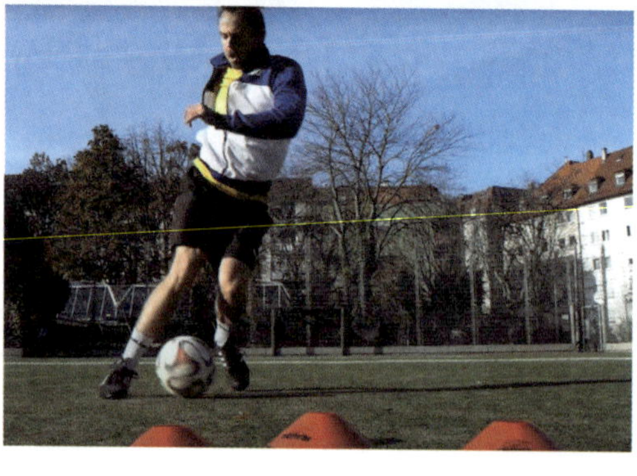

machst du einen Haken mit der Innenseite und gehst links am Gegenspieler vorbei. Der Trick funktioniert nur, wenn der Gegner auch tatsächlich mit einem Schuss rechnet und in eine Blockhaltung geht. Aus dieser ist es normalerweise schwierig, schnell zu reagieren und die Richtung zu wechseln oder wieder ins Laufen zu kommen, da man im Extremfall bei einem Blockversuch sogar springt oder grätscht. Diese Finte muss nicht nur bei einem Torschuss angewendet werden, sondern kann auch bei einer Flanke benutzt werden oder bei einem langen Ball aus einer defensiven Position heraus. Wichtig ist nur, dass du dich auch wirklich in einer Situation befindest, in der ein Schuss oder einer Flanke auch realistisch ist, und dein Gegner somit auch damit rechnen würde.

Die Finte muss auch nicht unbedingt mit einem Haken abgeschlossen werden, sondern kann auch so angewendet werden, dass man den Gegner auf der gleichen Seite passiert, mit der man den Schuss oder den Pass angetäuscht hat. Der bekannteste Anwendungsfall dafür ist der Messi-Lauf oder Robben-Lauf von Außenbahn nach innen, wo man nie weiß, ob er jetzt wirklich schießt oder lieber noch einen Abwehrspieler stehen lässt.

■ Roulette

Dieser Trick ist auch bekannt als Zidane-Rolle, weil es Zinédine Zidane war, der den Trick bekannt gemacht und besonders elegant ausgeführt hat. Gerade diese Eleganz und seine spektakuläre Effektivität machen den Trick so faszinierend wie beliebt. Er ist ideal in Situationen, in denen sich der Gegner auch Richtung Ball bewegt oder versucht, diesen zu bekommen.

Stoppe den Ball oder ziehe ihn mit der Sohle deines starken Fußes leicht zurück. Dann drehst du dich in die Richtung der anderen Seite und nimmst den Ball während dieser Drehung mit der Sohle des schwachen Fußes mit. Natürlich kannst du die Füße auch in umgekehrter Reihenfolge nutzen, aber den meisten Spielern fällt der Trick leichter, wenn sie mit dem starken Fuß starten und sich in die Richtung des schwachen Fußes drehen. Die Drehung bewegt sich zwischen 90 und 180 Grad. Angewendet werden kann der Trick in vielen verschiedenen Situationen; er hat kein festes Einsatzfeld. Am besten funktioniert und sieht der Trick aus, wenn du dir den Ball vorgelegt hast, ein Gegner

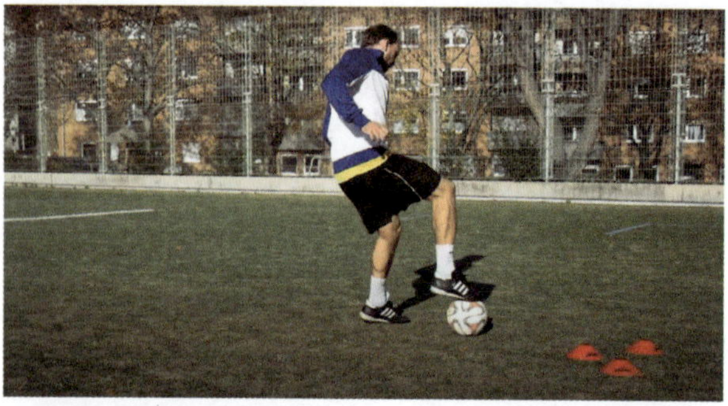

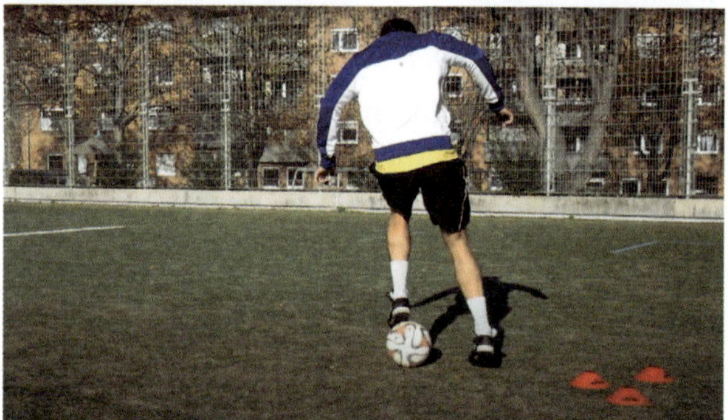

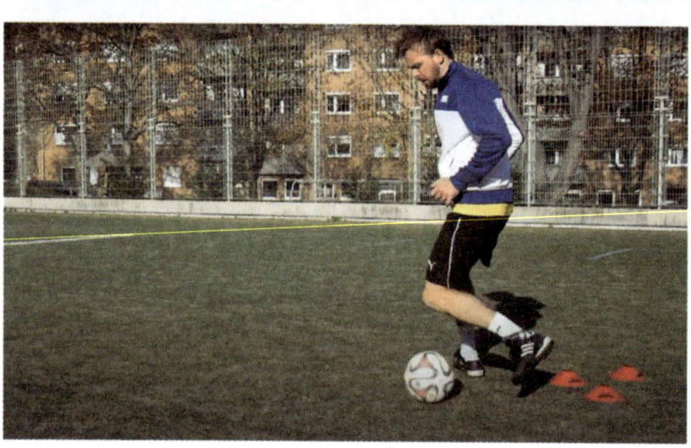

Schau dir dazu das Video auf YouTube an:

versucht, an diesen Ball zu kommen, und er aber durch dein erstes Zurückziehen des Balles ins Leere greift. Durch die Drehung und das anschließende Ziehen des Balls in die Richtung, in die du dich bewegen möchtest, kannst du den Gegenspieler gleichzeitig noch passieren. Diese Verbindung kann den Trick unheimlich effizient und mächtig machen. Er ist dafür aber nicht einfach in der Umsetzung und erfordert einiges an Mut und Erfahrung, um das Gespür für die richtigen Situationen zu entwickeln. Häufig wird der Trick übermotiviert und nicht gut eingesetzt, wenn beispielsweise versucht wird, einen Gegner einfach nur mit diesem Trick auszudribbeln, ohne dass sich eine geeignete Situation ergeben hat, oder man sich mit dem Trick einem Gegner hindreht. Außerdem ist wichtig, zu gucken, wo du am Ende rauskommst mit diesem Trick. Wenn du damit einen Gegenspieler stehen lassen kannst, aber dich dabei direkt in den nächsten hineingedreht hast, ist nicht viel dabei gewonnen.

4.2.2 Tricks an der Seitenlinie

■ Chop

Der Trick schlechthin für die Seitenlinie und lange Zeit der „Signatur Move" von Cristiano Ronaldo. Bei den meisten Anwendungsfällen befindest du dich in einem Laufduell mit deinem Gegenspieler entlang der Seitenlinie. Beim Chop spielst du dann den Ball mit der Innenseite deines äußeren Fußes hinter deinem inneren Bein vorbei. Um diese Bewegung auch im Lauf schnell umzusetzen, springst du dabei leicht ab und machst das Ganze praktisch in der Luft. Ziel ist es dabei, den Ball hinter deinem Gegenspieler vorbeizuspielen, um dann in seinem Rücken an ihm vorbeizukommen. Mit dem Trick nimmt man selten einen Gegenspieler komplett aus dem Spiel, er ist aber einfach durchzuführen und sehr effizient, um sich aus einer Bedrängnis zu befreien und sich Platz zu verschaffen, der möglicherweise Richtung Spielfeldmitte vorhanden ist. Wenn ihr euch in einem Zweikampf befindet, der

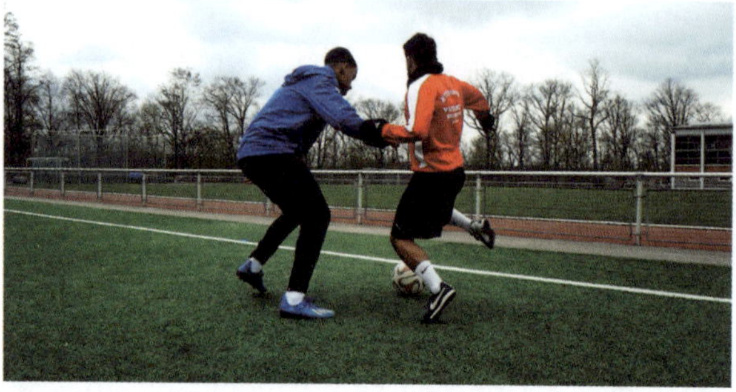

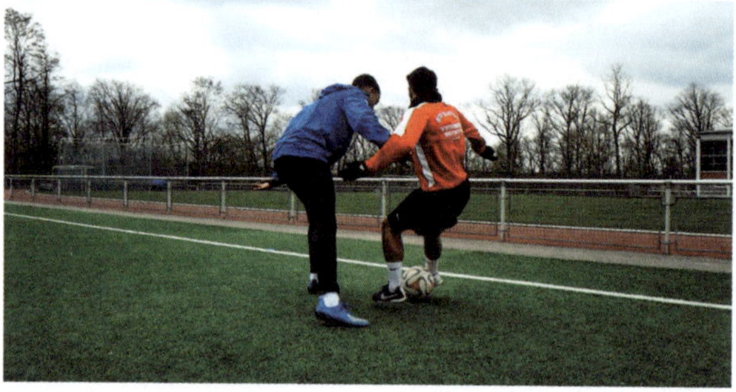

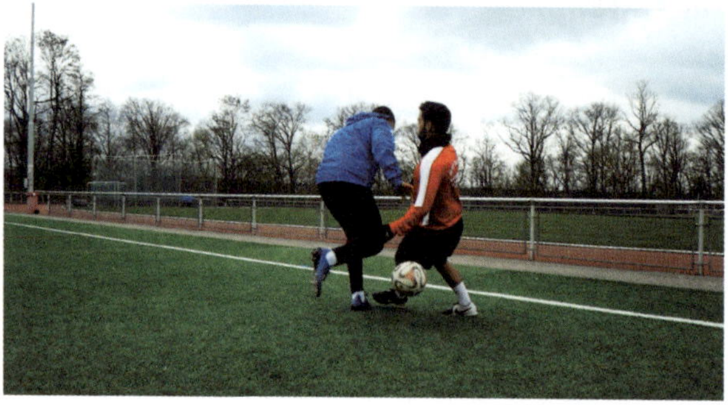

Gegenspieler also schon direkt an dir dran ist, kannst du auch großzügig den Arm einsetzen und den Gegner nach vorn schieben, um besser hinter ihm vorbeizukommen.

■ Stop and Go

Das Stop-and-go ist auch ein sehr simpler Trick, den man vielleicht auch schon ohne große Planung intuitiv ausführt und der viele

Varianten hat, die unterschiedliche Auswirkungen haben. Grundsätzlich geht es darum, im vollen Lauf mit dem Ball abzubremsen und dann direkt wieder zu beschleunigen. Durch die Geschwindigkeitsänderungen kann es ein Ziel sein, deinen Gegenspieler aus dem Gleichgewicht zu bringen, dieser kann möglicherweise nicht so schnell abbremsen und beschleunigen wie du. Oder du hast mehr Handlungsschnelligkeit und kannst ihn stehen lassen, wenn der Gegner versucht, auf den Ball zu gehen, nachdem du diesen gestoppt hast und den Gegner so erfolgreich geködert hast. Stoppe dafür den Ball während des Laufduells mit dem äußeren Fuß, also dem Fuß, der weiter entfernt vom Gegenspieler ist, ab und spiele ihn dann direkt wieder mit demselben Fuß nach vorn. Wenn du dem Trick noch einen Style-Faktor hinzugeben willst, dann spielst du den Ball mit der Innenseite des anderen Fußes nach vorn. Dafür machst du beim Stoppen einen Sprung nach vorn und spielst so den Ball noch schneller weiter. Je stärker du

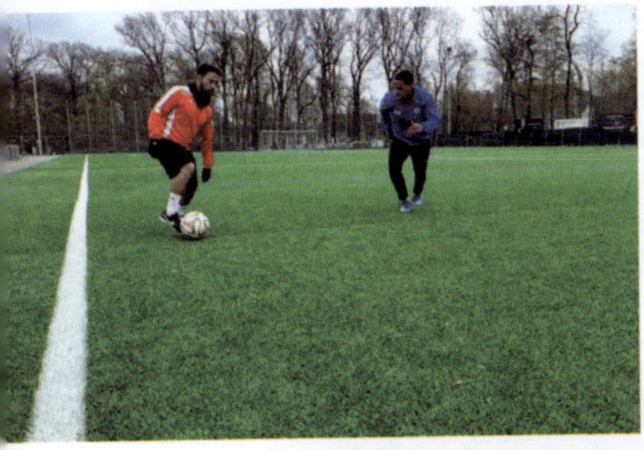

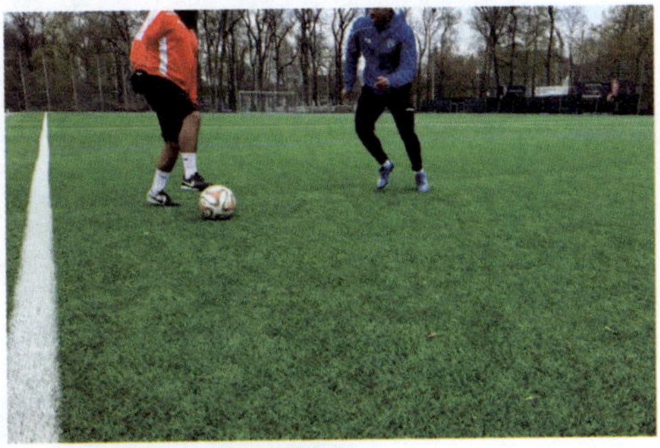

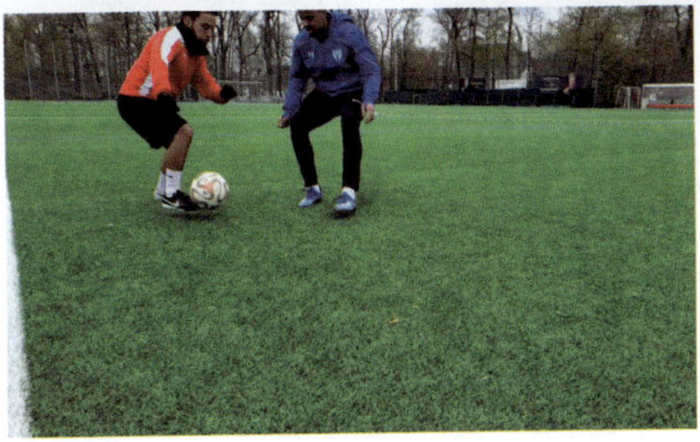

abbremsen kannst und auch je stärker du wieder beschleunigen kannst, desto effektiver wird der Trick.

Sole Roll + Übersteiger

Zur Ergänzung gibt es hier einen noch etwas erweiterten Trick. Wir verbinden eine Sole Roll mit einem Übersteiger nach innen.

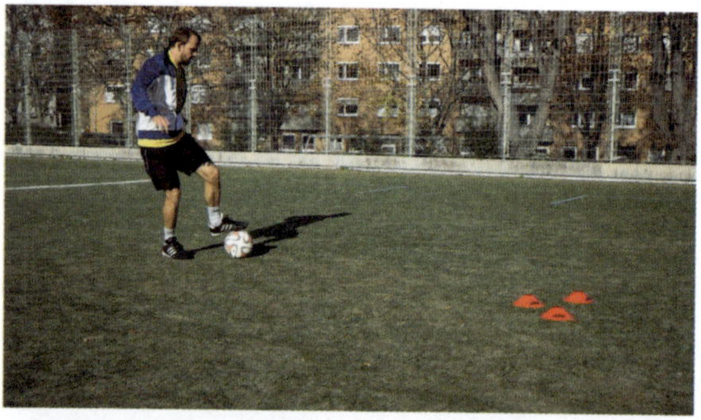

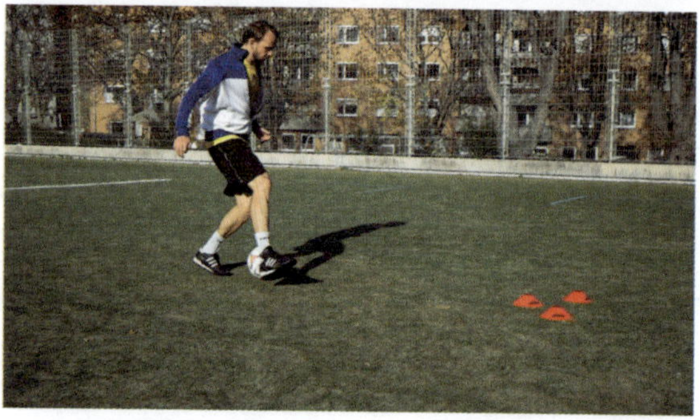

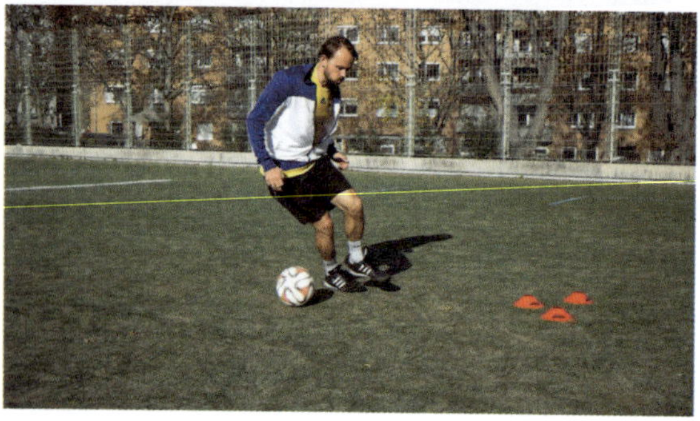

Schau dir dazu das Video auf YouTube an:

Das bedeutet, du beginnst den Trick, indem du den Ball wie bei einer Sole Roll mit der Sohle vor dir zur Seite ziehst. Direkt im Anschluss, sobald dein Fuß, der den Ball zieht, wieder auf dem Boden ist, machst du mit dem anderen Fuß einen Übersteiger nach innen über den Ball und hast danach das Ziel, auf der Seite am Gegenspieler vorbeizukommen, an der der Ball vorbei rollt. Stelle deinen Körper beim Ziehen des Balls daher schon so ein, als würdest du dich in die andere Richtung wegbewegen. So bekommst du eine besonders schöne und flüssige Körpertäuschung hin. Warum ist der Trick im Kapitel „Tricks an der Seitenlinie“? Er kann theoretisch, so wie die anderen Tricks auch, zentral ausgeführt werden. Allerdings braucht er viel Platz zur Seite, den man in der Mitte des Spielfeldes nur ganz selten hat. Daher ist es für mich das realistischste Szenario, wenn du an der Seitenlinie bist und du dort die Linie entlang nur einen Gegenspieler hast und dein Blick sich in die Mitte orientiert oder auch schon schräg Richtung Tor. Damit kannst du einen entscheidenden Schritt am Gegenspieler vorbeikommen und beispielsweise eine Flanke nach innen schlagen.

4.2.3 Tricks mit dem Gegner im Rücken

■ Übersteiger

Für mich einer der nützlichsten Tricks von allen: der Übersteiger mit Gegner im Rücken. Als Jugendlicher hatte ich eine Saison einen Mitspieler in der Mannschaft, der in der Abwehr gespielt hat, ein klassisch starker Zweikämpfer war, aber ansonsten nicht für besondere Eleganz oder Technik stand. Eine Bewegung hatte er aber perfekt drauf. Und das war der Übersteiger nach innen mit einer anschließenden Bewegung zur Seite oder sogar mit einer Drehung um 180 Grad. So hat sich mein damaliger Mitspieler von unzähligen gegnerischen Stürmern im Rücken befreit, was mich nachhaltig geprägt hat. Klar, meistens ist es leichter (aber auch viel gefährlicher), als Abwehrspieler einen angreifenden Stürmer

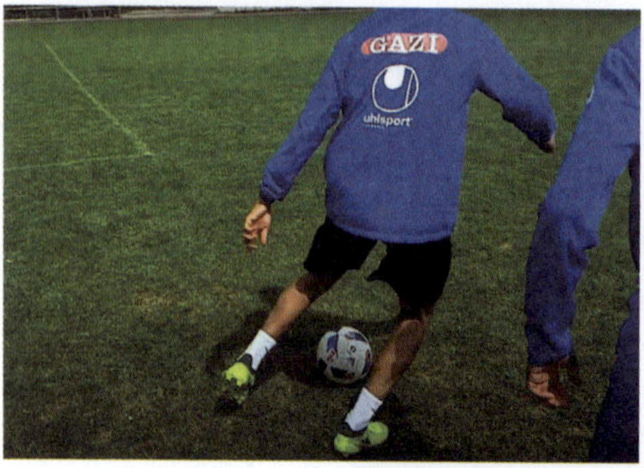

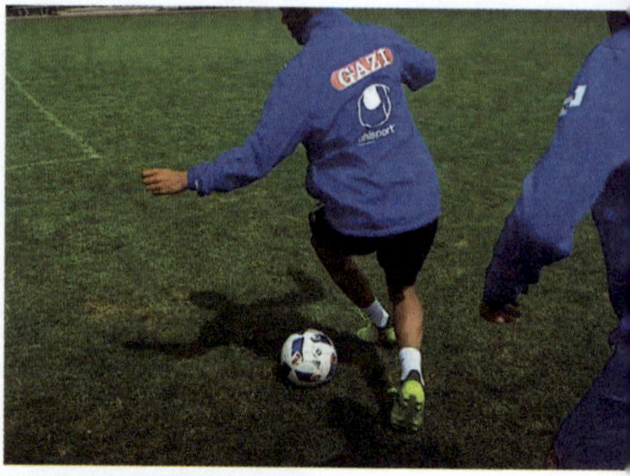

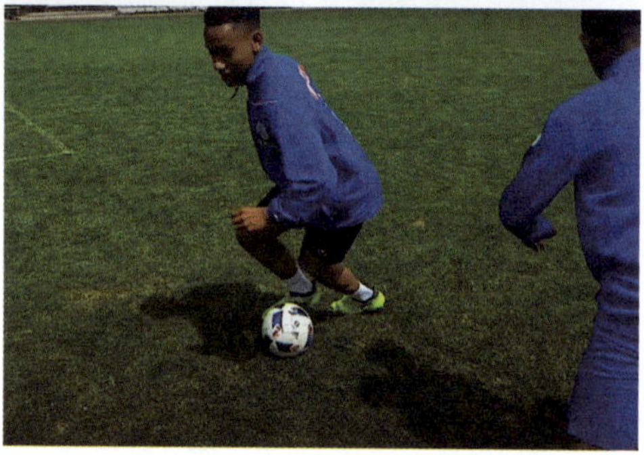

mit einer Körpertäuschung stehen zu lassen, da diese in einer solchen Situation mit mehr Risiko auf den Ball gehen. Es gibt aber auch andere Situationen, in denen der Trick gut wirken kann. Beispielsweise wenn du dich mit dem Ball aus der Mitte in Richtung Seitenlinie bewegst. Das kann etwa passieren, wenn ein Ball im Strafraum zur Seite geklärt wurde, du ihn erläufst und wieder gefährlich machen willst. Mache einen Übersteiger nach innen über den Ball und drehe dich direkt zur anderen Seite weg, wobei du den Ball mit der Innenseite des anderen Fußes mitnimmst. Wie schon beschrieben, kannst du seitlich weggehen und dir so Platz verschaffen oder, mit etwas Geschick und mehr Risiko, dich direkt so weit drehen, dass du dich in die Richtung zurückbewegst, aus der du mit dem Ball kamst.

■ Half Roulette

Hier machst du eine Bewegung wie beim Roulette, bewegst dich aber erst mal nur um 90 Grad zur Seite, also die Hälfte eines ganzen Roulettes. Mit dem Gegenspieler im Rücken bewegst du dich nach vorn, stoppst den Ball mit einer Sohle und machst eine Drehung in die Richtung dieses Fußes. Während dieser Drehung ziehst du den Ball mit der Sohle des anderen Fußes mit. Der Trick ist nicht schwierig umzusetzen, aber relativ riskant, da der Ball während deiner Drehung offen ist und der Gegner so leicht Zugriff hat. Wenn du den Trick noch etwas verfeinern willst, dann ziehst du ihn im zweiten Teil so mit der Sohle mit, dass du ihn direkt im Anschluss mit der Innenseite weiterspielen kannst. Vergleiche hierfür den Bewegungsfluss mit dem V-Drag. So kannst du auch eine komplette 180-Grad-Drehung vollenden.

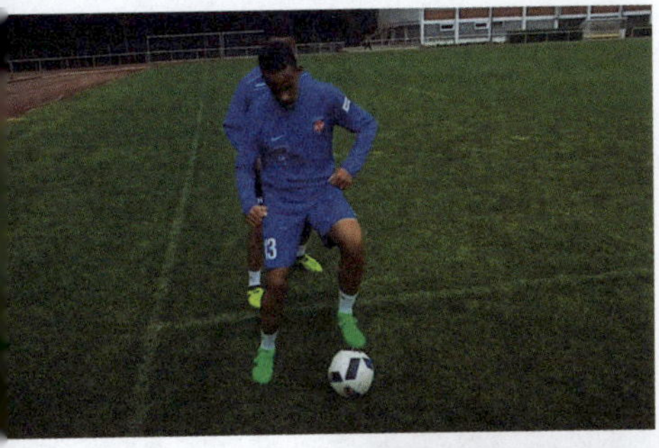

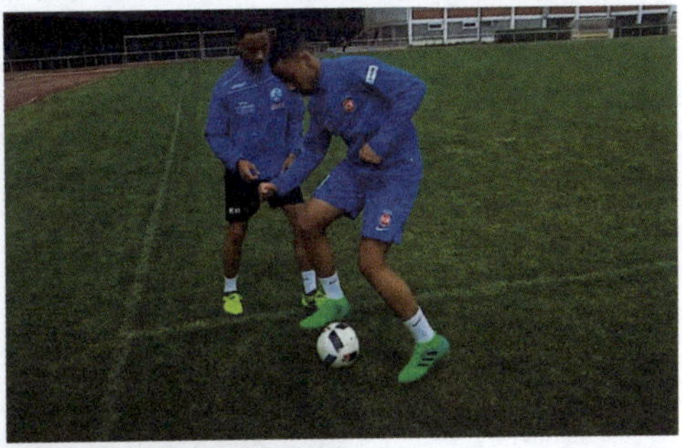

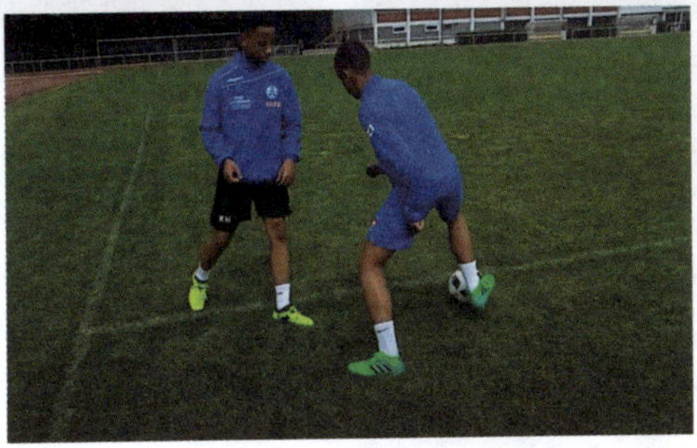

Blind Panna

Zum Abschluss noch ein besonderer Trick, der eher selten in einer tatsächlichen Spielsituation auf dem Großfeld eingesetzt wird und eher von Straßenfußballern oder beim Futsal benutzt wird. Der Trick findet seinen Einsatz, wenn du den Ball mit der Sohle kontrollierst und ihn vor einem Gegenspieler abschirmst. Ihr befindet euch dabei im Stand. Oft steht der attackierende Spieler dabei mit breiten Beinen da, um schneller auf eine Aktion des ballführenden Spielers reagieren zu können. Diesen Umstand kannst du nutzen, indem du den Ball mit der Sohle durch seine Beine ziehst. Um es für deinen Gegenspieler möglichst unübersichtlich zu machen, springst du dabei mit deinem Standbein hoch und ziehst den Ball praktisch unter dem Standbein (was dann nicht

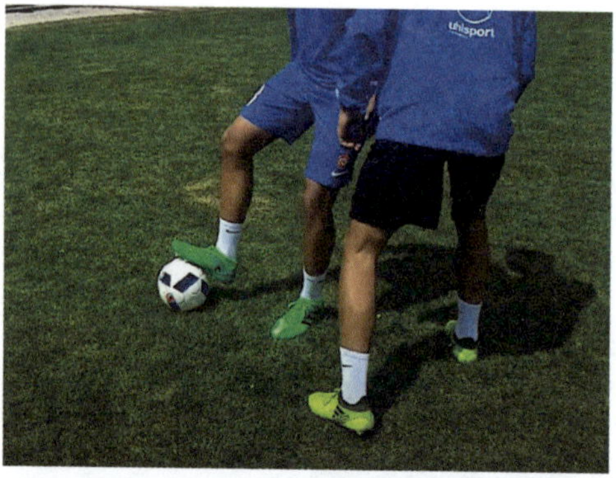

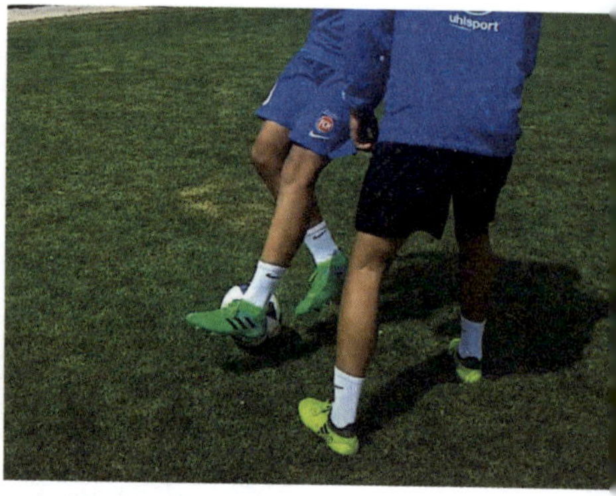

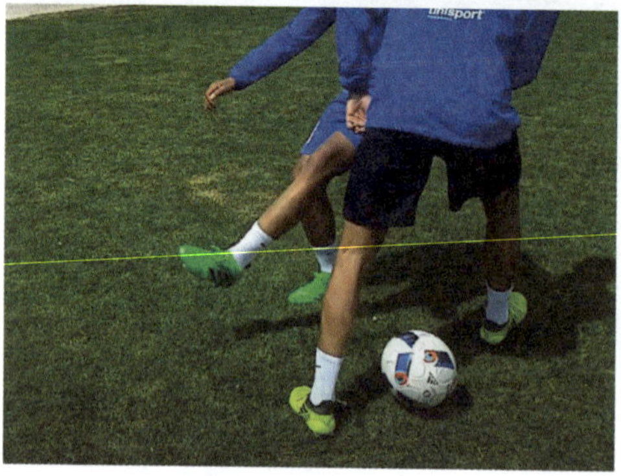

Schau dir dazu das Video auf YouTube an:

mehr dein Standbein ist) hindurch und so auch direkt durch die Beine des Gegners. Dafür musst du etwas seitlich zum angreifenden Spieler stehen. So kannst du auch mit deinem Körper den Blick auf den Ball versperren, was es schwieriger macht für den anderen Spieler, auf den Trick zu reagieren.

5. Fitness

In dem folgenden großen Kapitel geht es um alle Aspekte ohne Ball, die für einen Fußballer aber fast genauso wichtig sind. Wie du kräftiger werden kannst, um dein eigenes Niveau zu steigern oder was du abseits des Fußballplatzes noch tun kannst, um deine körperliche Performance zu verbessern. Ein großes Themengebiet dabei ist das Krafttraining.

5.1 Krafttraining

Ein Fußballer ist ein unheimlich vielseitiger Sportler mit einem hohen Anspruch an viele verschiedene Bewegungen. Nicht nur deswegen sollte man sich nicht nur auf die Beine konzentrieren, die beim Fußballer logischerweise im Fokus stehen, sondern den Körper ganzheitlich betrachten. Krafttraining ist eine ideale Ergänzung zu Übungen mit Ball und lässt sich leicht durchführen. Du brauchst keinen Ball und keinen Fußballplatz, sondern kannst sogar zu Hause effektives Krafttraining teilweise bis zu einem fortgeschrittenen Niveau durchführen. Natürlich stehen die Technik und das fußballerische Denken trotzdem an erster Stelle, aber eine gute Fitness ist der Grundpfeiler dafür, diese Fähigkeiten zu sichern und abzurufen. Zudem kann es eine willkommene Abwechslung sein, wenn bei dir schon anderweitig zu viel Routine eingekehrt ist. Ein Grund, warum viele Spieler noch keinen Zugang zum Krafttraining gefunden oder es noch gar nicht für sich entdeckt haben, ist die Verwirrung, die herrschen kann, wenn man zu viel Information und Input durch das Internet oder auch Social-Media-Apps bekommt. Man hat das Gefühl, es geht immer noch besser oder man muss eine immer noch ausgefallenere Übung machen, um auch wirklich das Optimum rauszuholen.

Deswegen hier schon mal ein erster Tipp von mir, den man durchgängig im Hinterkopf behalten kann: Keep it simple. Die Basics reichen bis auf ein hohes Niveau aus und wie in den Trainingsbereichen mit Ball kann man darauf vieles aufbauen. Zudem ist es wichtig, dass du dir auch immer deine eigenen Gedanken machst und aus deinen Erfahrungen lernst. Jeder hat seine eigenen Lieblingsübungen oder Übungen, mit denen er besser oder schlechter zurechtkommt, die einem mehr oder weniger weiterhelfen. Meine Tipps und Vorschläge, die ich hier weitergebe, beruhen nicht nur auf Trainingseinheiten mit anderen Spielern, sondern zum großen Teil auch aus Erfahrungen, die ich selbst gemacht habe. Deswegen heißt es ausprobieren, daraus lernen und so zu seinem eigenen Trainer werden.

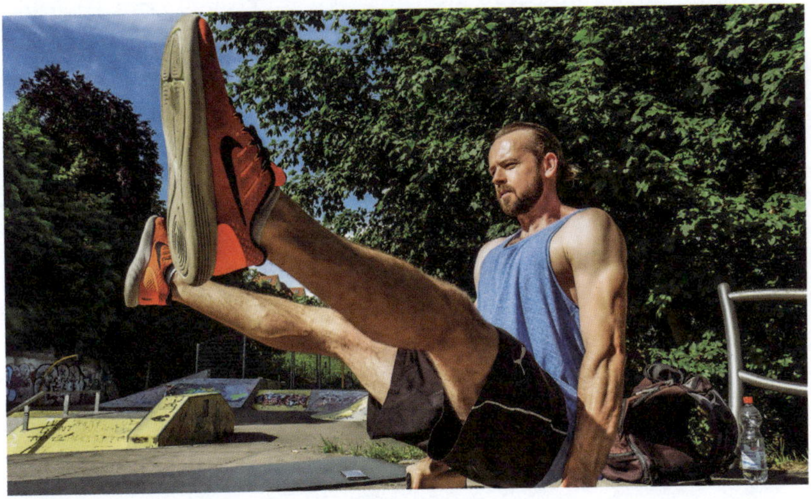

5.1.1 Die Benefits von Krafttraining

Wenn man an körperliche Stärke und ihren Nutzen denkt, hat man oft Spieler im Kopf, die sich stark im Zweikampf ohne Ball oder im Luftduell durchsetzen. Keine Frage, das sind natürlich Punkte, die ein gutes Beispiel für Vorteile einer verbesserten Körperlichkeit sind. Es sind die Vorteile, die offensichtlich und direkt erkennbar sind.

Zusätzlich gibt es aber noch einige andere Benefits, die einem nicht direkt ins Auge springen.

- **Robustheit im Zweikampf**

  Der Zweikampf steht hier trotzdem an erster Stelle. Durch mehr Kraft stärkst du deine Standfestigkeit. Ein Gegner drückt dich von der Seite und will dich vom Ball wegschieben. Dem kannst du mit einer starken Muskulatur im Oberschenkel entgegenwirken, wenn dein Bein im Boden verwurzelt ist und dein Stand dem Druck nicht nachgibt. Ein weiterer Aspekt ist die Kraft im Oberkörper, welche dir hilft, dich im Zweikampf durchzusetzen. Besonders relevant wird es, wenn du dir als ballführender Spieler den Angreifer vom Leib hältst oder selbst den Ball erobern willst und dafür einen Gegenspieler wegschieben musst. Dabei spielt besonders die Kraft aus den Schultern eine Rolle, wenn du deine Arme einsetzt. Nicht selten kommt es nach intensiven Spielen vor, dass Spieler Muskelkater in der Schulterpartie haben.

- **Sprungkraft und Schnelligkeit**

  Mehr Kraft in den Beinen führt auch zu mehr Sprungkraft und kann so deine Sprintstärke verbessern. Das kann vor allem bei

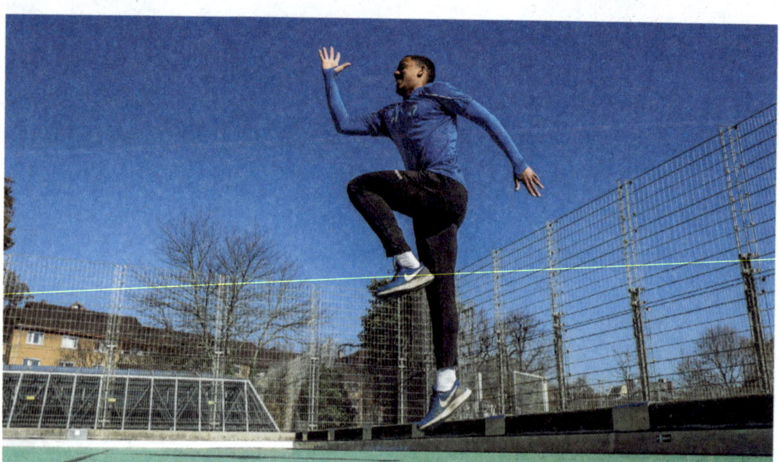

Spielern, die hier noch ganz am Anfang stehen, eine Wirkung erzielen. Stärke in den Beinen hilft beim Antritt und beim Abstoppen und bedeutet so die Verbesserung deiner Richtungswechsel, was die Eigenschaft ist, die einen dynamischen Spieler ausmacht.

■ Verletzungsresistenz

Krafttraining und eine gestärkte Muskulatur machen dich belastbarer und resistenter gegen die Gefahren einer Überbelastung. Das bedeutet, dass deine Anfälligkeit für Verletzungen gesenkt werden kann, unter anderem dadurch, dass deine Gelenke durch Muskulatur besser geschützt sind und sich Sehnen, Bänder und Knochen an eine größere Belastung anpassen. Dies führt dann zwangsläufig zu weniger Ausfallzeiten. Du bist immer im Training und stehst bei jedem Spiel zur Verfügung. Dies ist ein sehr wichtiger Faktor, um ein großer Spieler zu werden. Nicht nur wirst du besser durch mehr Training und durch bessere Verarbeitung der Trainingsreize, sondern bist auch zuverlässiger und konstanter. Ein Vorbild hierfür ist Cristiano Ronaldo, der immer etwas mehr an seiner Fitness gearbeitet hat und bis ins hohe Alter noch Weltklasse ist. Aber es lohnt sich auch der Blick in andere Sportarten. Ohne die wenigen Verletzungen, die er hatte, wäre Roger Federer nie in der Lage gewesen, über so einen langen Zeitraum und so konstant den Tennissport zu dominieren.

Auch wenn sich die Benefits für sich gelesen großartig anhören, darf man nicht das Ziel dahinter vergessen. Mit mehr Muskeln wirst du nicht automatisch ein besserer Fußballer. Die relative Kraft, also die Kraft, die du im Verhältnis zu deinem Körpergewicht entwickeln kannst, und Athletik sind wichtig. Dafür setzen wir auch viel auf funktionelle Bewegungen und nicht nur auf Hypertrophie, also die Volumenzunahme unserer Muskeln, so wie ein klassischer Bodybuilder es tut.

5.1.2 Wann kann man mit Krafttraining anfangen?

Das ist eine Frage, die viele umtreibt und für viel Unsicherheit unter Sportlern und auch unter Eltern von Kindern und Jugendlichen sorgt. Wenn sie Krafttraining hören, verbinden sie das oft mit den Gefahren und Risiken. Grundsätzlich sollte man beachten, dass Kinder bei vielen Gelegenheiten ihre Kraft trainieren. Sei es beim Spielen, Klettern oder beim Sport. Auch beim Fußball wird viel Kraft benötigt und so auch trainiert, etwa bei Sprüngen oder Zweikämpfen. Bei Sportarten wie Turnen, das vorbildlich für den Aufbau einer Grundkraft sorgt, würde sicherlich niemand auf die Idee kommen, dahinter schädliches Krafttraining zu vermuten. Das Trainieren von Kraft gehört also einfach zum Leben eines Kindes dazu. Wo man Einschränkungen machen kann, ist, dass man es bis zu einem gewissen Alter oder Niveau nicht komplett als eigene Sportart sehen sollte, bei der sich, wie beim Bodybuilding, nur auf Kraft und Muskelaufbau konzentriert wird. Wenn man bei Kindern Kraftübungen ins Training einbauen will, eignet sich dies vor allem spielerisch zu tun: Hindernisparkours, Klettern oder kleine Wettkampfspiele. Bis zum Alter von 14 Jahren würde ich mich beim Krafttraining nur auf Übungen mit dem eigenen Körpergewicht konzentrieren. Danach kann man beginnen, Übungen mit Gewichten einzubauen. Allerdings gilt für beide Varianten, dass die Übungen zumindest von Anfängern unter Anleitung und Aufsicht eines Fachkundigen ausgeführt werden.

5.1.3 Die Grundprinzipien

Das Wichtigste beim Krafttraining ist, das Ego zu Hause zu lassen. Steige vor allem als Beginner, aber auch als ein Sportler, der aus einer Pause kommt, nicht mit zu schweren Übungen oder zu viel Gewicht ein. Du musst beim Training niemandem etwas beweisen, sondern arbeitest nur an dir und für dich. Auch sagt es nichts aus, wie viele Wiederholungen du schaffst oder wie viel Gewicht du bewegen kannst. Das Einzige, was entscheidend ist, dass du dich langsam steigerst, also die Schwierigkeit bei einer Übung erhöhst durch mehr Wiederholungen, mehr Gewicht oder eine anspruchsvollere Ausführung. Steige vor allem als jüngerer Spieler mit Übungen ein, die du mit dem eigenen Körpergewicht absolvieren kannst. Später kannst du dann auch Übungen mit Gewichten durchführen oder aber auch beim Training mit dem eigenen Körpergewicht bleiben. Probiere Dinge aus und bleibe bei dem, was dir Spaß macht und dich mehr motiviert. Achte allerdings darauf, dass du erst dazu in der Lage bist, Übungen wirklich sauber und korrekt auszuführen, bevor du sie mit hoher Intensität trainierst. Hole dir dafür unbedingt Rat eines erfahrenen Trainers und beschäftige dich auch selbst mit den einzelnen Übungen. Filme dich selbst und achte auf die einzelnen Punkte, die zu einer korrekten Ausführung gehören, und verbessere diese gezielt. Zu Beginn wirst du schneller Fortschritte machen, da du hier noch besonders von einer Verbesserung der intramuskulären Koordination profitierst, also von dem Zusammenspiel zwischen Nervensystem und Muskel. Wenn du eine neue Übung machst, wirst du dabei auch schnell deine Motorik verbessern und mit diesem verbesserten Bewegungsablauf in deinen Bewegungen mehr Kraft umsetzen.

5.1.4 Wie das Krafttraining einbauen?

- **Vor der Saison**

  In der spielfreien Zeit bzw. in der Vorbereitung oder sogar noch vor Beginn der Vorbereitung ist es am einfachsten, Krafttraining in den Trainingsplan oder in den Alltag einzubauen. Das ist auch der beste Zeitpunkt, um ein Grundniveau aufzubauen. Denn stärker zu werden oder Muskeln aufzubauen, ist ein längerfristiger Prozess, den man nicht innerhalb weniger Wochen abschließen kann und regelmäßig begleitet werden muss. Steige zu Beginn nicht mit einer zu hohen Intensität ein, sodass du dich in kleinen Schritten regelmäßig steigern kannst. Ziehe dabei in Betracht, dass du als Fußballer auch viele andere Dinge trainierst und so dein Training aufeinander angepasst ist.

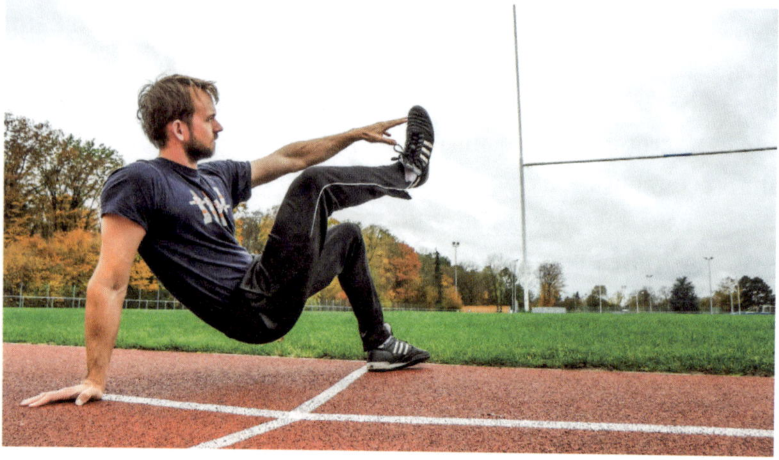

Während der Saison

Etwas herausfordernder wird es sein, ein zusätzliches Training in einer laufenden Saison einzubauen. Klar, es hängt natürlich davon ab, auf welchem fußballerischen Level du spielst. Zweimal Fußballtraining in der Woche lässt natürlich mehr Spielraum, als wenn du vier Mal Fußballtraining unter der Woche hast und jedes Wochenende ein Spiel. Das Ziel des Krafttrainings während der Saison sollte in erster Linie sein, dein Niveau, welches du in der Vorbereitung erarbeitet hast, zu erhalten, um so auch weiterhin von den Vorteilen wie dem Schutz vor Verletzungen zu profitieren. Falls du ein Beginner bist, wird sich dieses Niveau selbstverständlich auch während der Saison steigern. Optimalerweise hast du dieses Extra-Training so in deinen Fußballplan integriert, dass es gut aufeinander abgestimmt und dosiert ist, der Kraftplan aber trotzdem einem übergeordneten Plan folgen kann. Besonders wichtig sind hier die Erholungstage, welche gern im hochmotivierten Zustand außer Acht gelassen werden. Davon sollte mindestens einer pro Woche eingeplant werden, besser noch zwei. Erholungstag heißt auch nicht, dass du den ganzen auf dem Sofa liegen musst, sondern kann auch aktiv mit Bewegung angegangen werden. Fortgeschrittene Sportler mit genug Zeit können auch zwei Trainingseinheiten an einem Tag machen. Wenn du dein Kraftniveau über die Saison behalten willst, solltest du aber regelmäßige Einheiten in deinen Wochenplan einbauen. Am Tag nach dem Spiel solltest du einen Erholungstag, gern auch einen aktiven, einbauen. Vor dem Erholungstag unter der Woche bietet es sich an, schwer zu trainieren. Versuche zudem, die anstrengenderen und weniger intensiven Einheiten auf dem Fußballplatz mit entsprechend leichterem beziehungsweise härterem Zusatztraining zu kombinieren.

5.1.5 Übungen

Ich werde hauptsächlich Übungen vorstellen, die du mit dem eigenen Körpergewicht und möglichst ohne Equipment ausführen kannst. Das reicht für eine längere Zeit und um sich ein Grundniveau zu erarbeiten. Davon ausgehend kann man das Training beispielsweise mit Widerstandsbändern erweitern, um mit diesen den Widerstand bei Übungen zu erhöhen oder auch schwere Übungen wie beispielsweise Klimmzüge zu erleichtern und zugänglicher zu machen. Danach werden wir noch auf einige Übungen schauen, die man mit Gewichten ausführt, für die es von Vorteil ist, wenn man ein Fitnessstudio besuchen kann, oder man hat tatsächlich selbst vergleichbare Ausrüstung zur Verfügung stehen. Hier noch mal der Hinweis, der für alle Übungen gilt: Suche dir einen Trainer mit Expertise oder eine Person mit einer passenden Ausbildung, die dir bei der Ausführung hilft und dich anleiten kann. Eine falsche Ausführung kann deine Gelenke und Bänder falsch beanspruchen und negative Folgen haben.

Trotzdem, keine Angst, mit der richtigen Vorbereitung wird nichts schiefgehen. Beginne jede Übung mit einer niedrigen Belastung, um so den Bewegungsablauf zu lernen und zu verinnerlichen. Einen ersten Reiz wirst du auch schon damit setzen.

Bei den Namen der Übungen werde ich manchmal wechseln zwischen englischen und deutschen Bezeichnungen. Klassischerweise werden hier oft englische Namen benutzt, da dies ein Bereich ist, in dem man sich international informiert. Dennoch finde ich ab und zu einen deutschen Namen etwas passender, also nicht wundern.

Bei vielen Übungen ist es wichtig, dass du deinen Rumpf aktivierst und stabil hältst, damit du die Übung korrekt ausführst. Das kannst du erreichen, indem du deine Bauchmuskeln und den unteren Rücken anspannst. Dazu gehört, dass gerade der untere Rücken bei den meisten Übungen stabil und gerade bleiben sollte.

Auch bei der Atmung gibt es etwas zu beachten: Vermeide eine übertriebene Pressatmung. Also eine Atmung, bei der du während der Anstrengung kurz die Luft anhältst oder nur durch den Mund langsam herauspresst. Eine gewisse Pressatmung entsteht automatisch auf natürliche Weise, achte aber darauf, dass es nicht zu viel wird. Eine weitere Grundregel ist, dass es gilt, bei den exzentrischen Bewegungen auszuatmen. Also bei der Bewegung, die für die Anspannung und für den Part der tatsächlichen Ausführung steht. Atme aus während der exzentrischen Phase. Also während der Entspannung der hauptsächlich beanspruchten Muskeln. Beim Beispiel Liegestütze würde das bedeuten, dass du ausatmest, wenn du dich nach oben drückst, und einatmest, wenn du runtergehst.

Übungen mit dem eigenen Körpergewicht

UNTERKÖRPER

Kniebeugen/Squats

Der Klassiker unter den Übungen für den Unterkörper trainiert besonders die Oberschenkel, aber auch den hinteren Oberschenkel und den Po. Die Kniebeuge ist eine großartige Verbundsübung, also eine Übung, bei der viele Muskelgruppen, große und kleine, kombiniert und beansprucht werden, mit der man viel Kraft entwickeln kann.

Ausführung:

- Stelle die Füße etwa schulterbreit auf. Die Zehenspitzen zeigen leicht nach außen.
- Aktiviere deinen Rumpf, also Bauchmuskeln und unteren Rücken anspannen. Achte darauf, dass dein unterer Rücken gerade bleibt.
- Leite die Bewegung ein, indem du mit der Hüfte nach unten gehst. Beim Beugen sollten deine Knie in die Richtung deiner Zehenspitzen zeigen.
- Gehe mit der Hüfte so weit runter, wie du den Rücken gerade halten kannst und solange du mit den Fersen auf dem Boden bleiben kannst.
- Achte außerdem darauf, den Oberkörper nicht zu weit nach vorn zu lehnen.

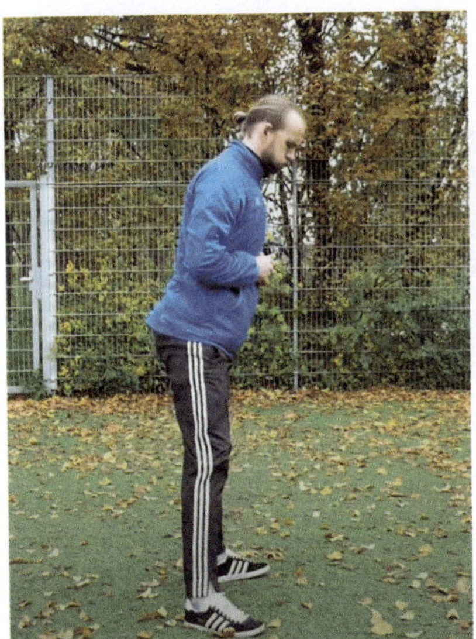

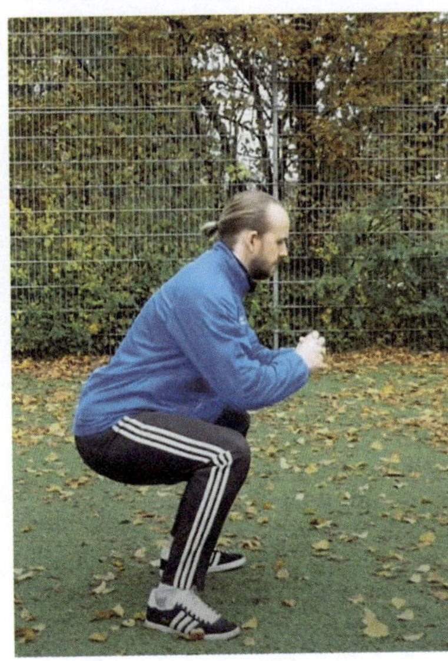

Jumping Squats

Als Fußballer ist für uns auch die Explosivität immer ein Thema. Eine Übung dafür ist auch der Jumping Squat, welcher eine Variation des normalen Squats ist. Daher gelten auch dieselben Ausführungsregeln.

Zusätzlich drückst du dich nach oben mit ganzer Kraft ab und springst nach oben, bis deine Beine und auch deine Arme ausgestreckt sind. Federe die Landung gut ab, indem du sie mit den Zehenspitzen einleitest.

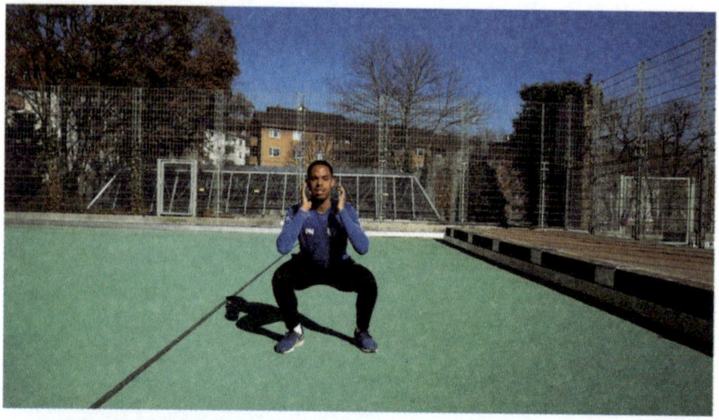

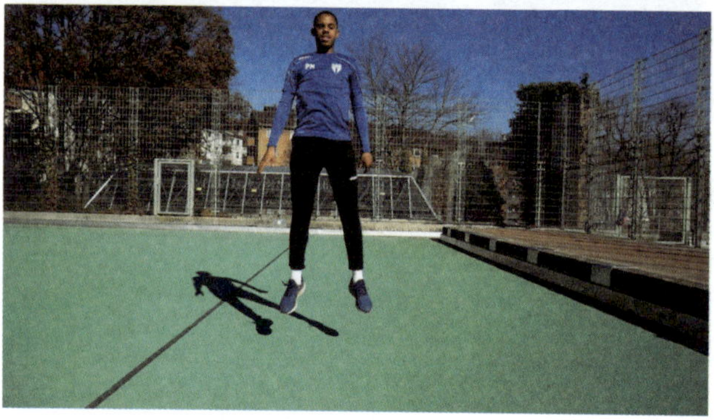

Skater Hops

Eine weitere Übung für die Explosivität, bei der du auch etwas Balance und Koordination brauchst. Fange daher langsam an und steigere dich nur in sehr kleinen Schritten, bis du deine ganze Kraft bei dieser Übung einsetzt.

Ausführung:

- Gehe auf einem Bein leicht in die Knie und drücke dich dann zur Seite mit einem Sprung ab.

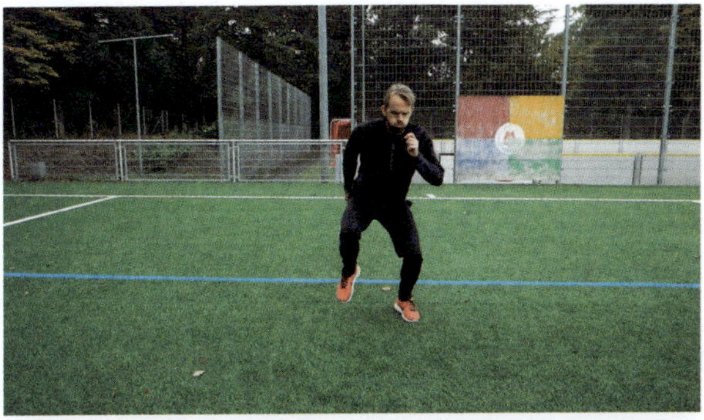

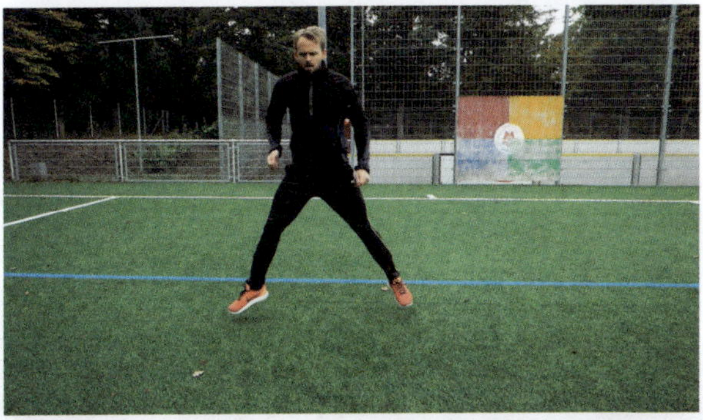

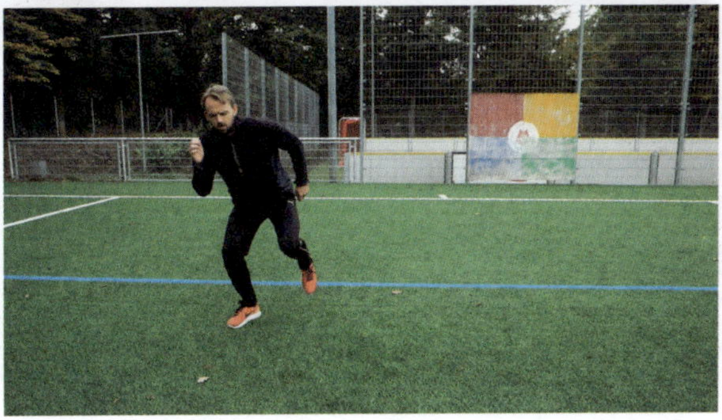

- Lande auf dem anderen Bein. Federe hier die Landung möglichst weich ab.
- Nimm dabei die Arme wie ein Skater mit. Also jeweils den entgegengesetzten Arm zu dem Bein hochnehmen, welches unter Belastung steht. Dies ist für die Stabilität und für den Schwung.

Aufsteigen

Suche dir einen erhöhten Absatz, auf den du mit einem normalen Schritt hochsteigen kannst. Dies kann beispielsweise eine Bank sein oder zu Hause auch ein Stuhl.

Ausführung:

- Stelle einen Fuß auf die Erhöhung ab, so wie wenn du nach oben steigen würdest.
- Drück dich nach vorn und oben ab. Benutze dafür möglichst nur die Kraft des erhöhten Beins.
- Nimm dein anderes Bein mit und ziehe es bis nach oben an.
- Nimm hier auch jeweils wieder die entgegengesetzten Arme mit. Ziehst du dein linkes Bein nach oben, nimmst du den rechten Arm nach vorn mit und umgekehrt.

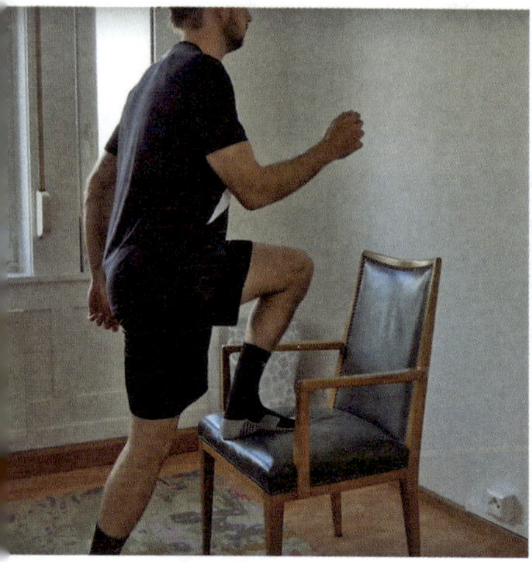

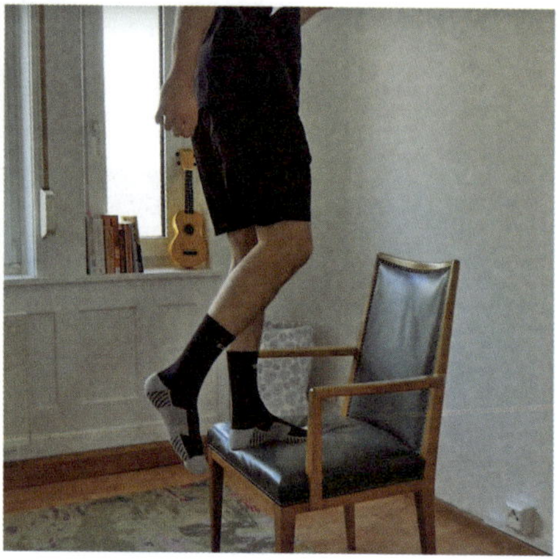

Ausfallschritte

Ausfallschritte sind ebenfalls eine tolle Übung für den gesamten Kraftapparat deiner unteren Extremitäten. Hier brauchst du etwas Platz, da du dich nach vorn bewegst. Alternativ kannst du die Übung auch auf der Stelle machen.

- Mache einen weiten Schritt nach vorn und gehe dann mit dem vorderen Bein ins Knie, bis du ungefähr einen Winkel von 90 Grad im Knie hast.
- Achte darauf, mit dem Knie des hinteren Beins nicht auf den Boden zu kommen. Mache ansonsten einen kleineren Schritt.
- Drücke dich dann nach oben ab und mache den nächsten Schritt mit dem anderen Bein.
- Benutze beim Abdrücken möglichst wenig Schwung, sondern setze deine Kraft kontrolliert ein. Es kann sein, dass man gerade zu Beginn manchmal das Gleichgewicht verliert. Wenn du merkst, dass das passiert, halte inne und versuche, die Kontrolle zurückzubekommen, bevor du weitermachst.
- Auch hier gilt es, wieder eine gute Körperspannung im Rumpf zu haben. Halte den Oberkörper zudem aufrecht und den Blick nach vorn.

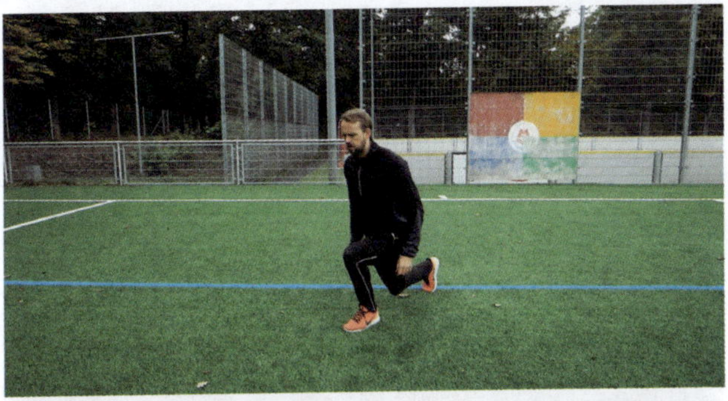

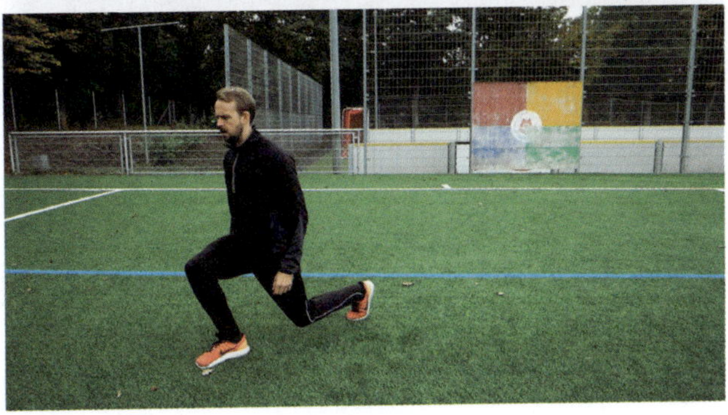

Single Leg Deadlift

Diese Übung betrifft vor allem den hinteren Teil des Unterkörpers, also die Rückseite deiner Oberschenkel und deines Pos. Sie ähnelt stark einer Standwaage, die wir ja alle (hoffentlich) noch aus dem Sportunterricht kennen.

Ausführung:

- Stehe auf einem Bein.
- Beuge dich in der Hüfte nach vorn. Rücken bleibt wie immer gerade und die Bauchmuskulatur ist angespannt.
- Das hintere Bein bleibt gerade und geht als Verlängerung des Oberkörpers nach hinten und oben mit.

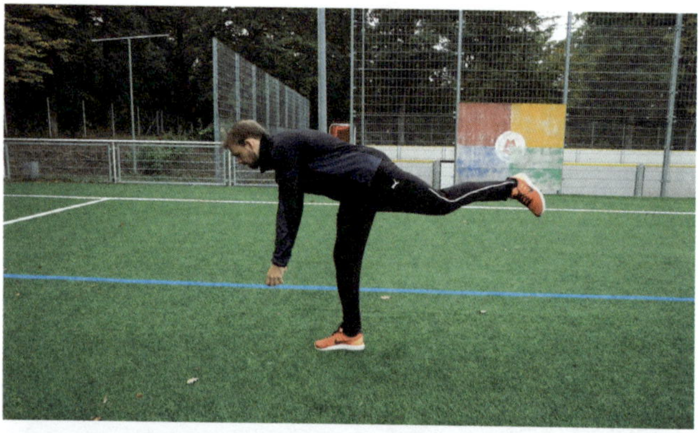

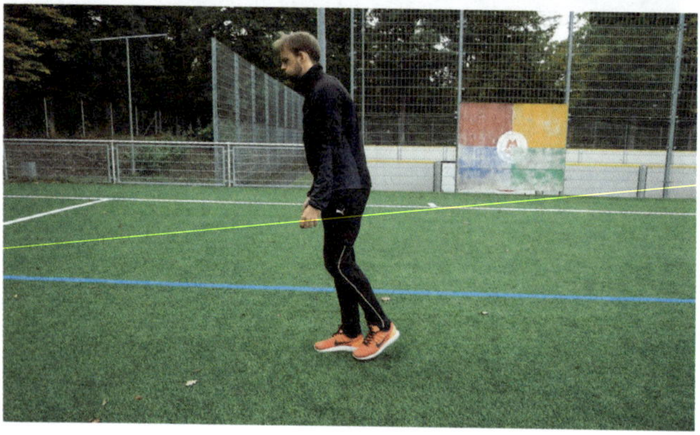

- Das Knie im Standbein ist nicht komplett durchgedrückt, sondern leicht gebeugt.
- Die Arme kannst du nach unten hängen lassen.

Hip Thrust

Die Hip Thrusts sind eine weitere Übung für die Rückseite deiner Beine und den Po. Dieser Part wird beim Training gern mal vernachlässigt, da man die Muskeln hier weniger arbeiten sieht und das Ansprechen der Muskeln im Training meist etwas unangenehmer ist. Dennoch ist gerade für Fußballer dieser Muskelbereich essenziell. Viele Muskelverletzungen finden im hinteren Oberschenkel statt. Daher ist das Stärken der Muskeln hier eine gute Prävention.

Ausführung:

- Liege auf dem Rücken mit den Armen neben und entlang deines Körpers.
- Stelle die Füße so ab, dass, wenn du dein Becken anhebst, zwischen Unter- und Oberschenkel ungefähr ein 90-Grad-Winkel ist.
- Drücke deine Hüfte so weit nach oben, bis dein Oberkörper und deine Oberschenkel ungefähr eine gerade Linie bilden.
- Spanne dafür deine Po-Muskulatur an und halte die Position an der oberen Stelle kurz, bevor du wieder nach unten gehst mit der Hüfte.

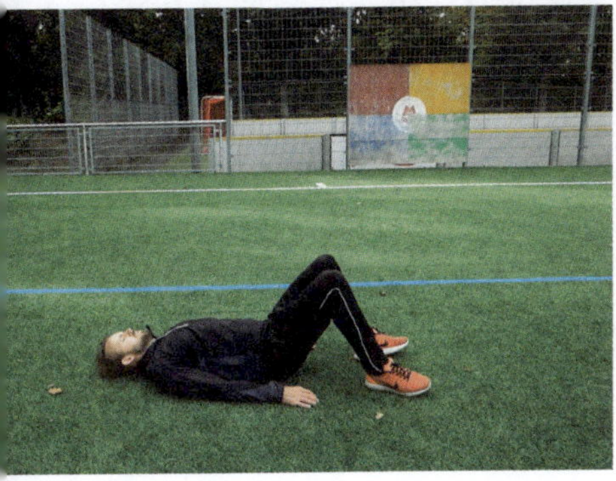

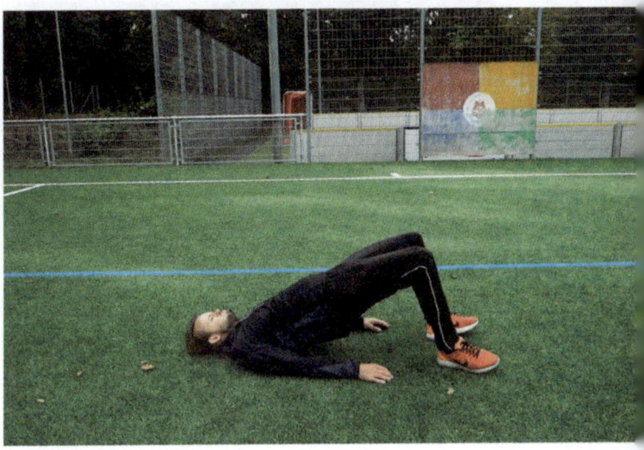

OBERKÖRPER:

Liegestütze

Die Liegestütze ist der Klassiker, den wohl jeder kennt. Eine Übung, die umfassend den Oberkörper trainiert, und bei der man sich gut steigern und motivieren kann. In erster Linie ist sie eine Übung für die Brust und darüber hinaus für die Schultern und den Trizeps.

Ausführung:

- Wichtig ist, dass du deinen Körper gerade und unter Spannung hältst. Dafür spannst du Bauch und Po an.
- Halte deine Oberarme im 45-Grad-Winkel vom Oberkörper weg.
- Die Hände sind etwas weiter als schulterbreit auseinander.
- Drücke dich von unten nach oben mit den Fußballen auf dem Boden und halte auch den Kopf gerade, sodass er eine Verlängerung der Wirbelsäule ist.

Für die Liegestütze gibt es zahlreiche Variationen. Wenn du noch eine leichtere Variante brauchst, dann mache die Liegestütze kniend auf dem Boden oder gegen eine Erhöhung. Also beispielsweise mit den Händen von einer Tischkante oder einer Sitzbank abdrücken. Oder als weiteres Beispiel die Diamond Push-ups, bei denen sich die Hände nah zusammen vor der Brust befinden. Persönlich mag ich besonders auch explosive Liegestütze. Bei diesen drückst du dich mit

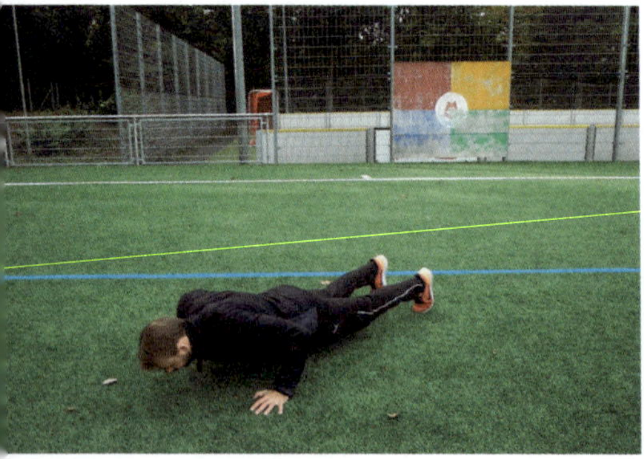

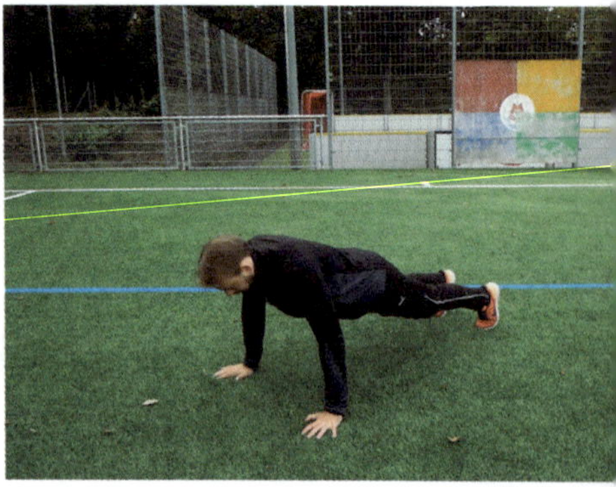

extra Kraft nach oben ab, sodass deine Hände kurz in der Luft sind, und fängst dich bei der Landung auf den Händen wieder weich ab.

Superman

Den Rücken ohne Geräte zu trainieren, ist deutlich schwieriger als den vorderen Part des Oberkörpers. Eine sehr gute Übung sind die Supermen, die vor allem den unteren Rücken trainieren und so den Core stärken und die Körperspannung verbessern.

Ausführung:

- Lege dich flach auf den Bauch.
- Hebe aus dieser Position deine Beine und deinen Oberkörper an.
- Um die Schwierigkeit anzupassen, kannst du deine Arme ausstrecken beziehungsweise näher am Körper halten.

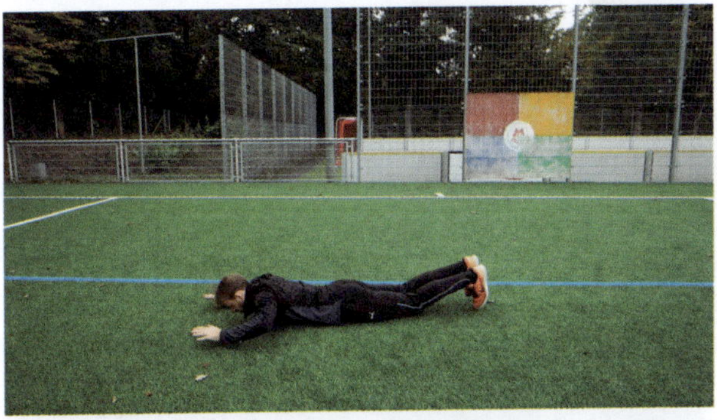

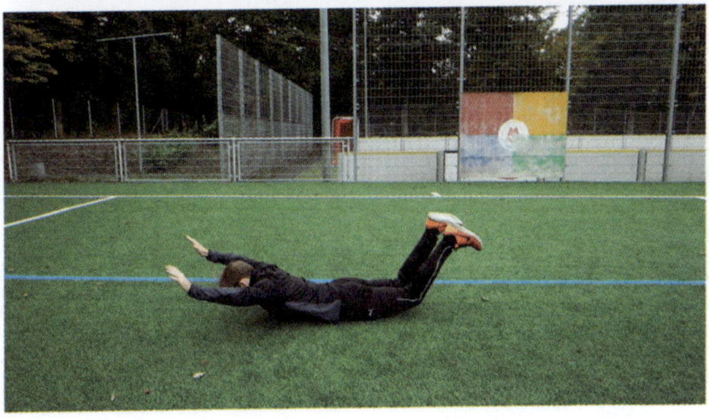

- Versuche, die Arme und Beine kurz an der höchsten Stelle zu halten.
- Lege dich bei der exzentrischen Phase wieder kontrolliert auf dem Boden ab.

Plank

Der Plank beziehungsweise der Unterarmstütz ist der Klassiker unter den Stabilisationsübungen. „Stabi-Übungen" sind gefürchtet unter Fußballern und beliebt bei Trainern. Aber auch zu Recht beliebt. Sie sind zwar unangenehm, da die Ausdauer hier auch viel Kopfsache ist, aber perfekt, um den Rumpf zu stärken.

Ausführung:

- Stütze dich auf den Unterarmen und den Zehenspitzen ab.
- Dein Körper bildet vom Kopf bis zu den Füßen eine möglichst gerade Linie. Richte dafür den Blick Richtung Boden.
- Die Ellbogen bilden einen rechten Winkel und befinden sich unter den Schultern.
- Achte darauf, dass der Po nicht durchhängt und nicht nach oben gestreckt wird, und versuche, diese Stellung möglichst lang zu halten.

Eine Variante ist der seitliche Plank. Hierbei stützt du dich auf der Seite eines Unterarms und auf einer Fußseite ab. Auch hier gilt es, eine absolut gerade Linie mit dem gesamten Körper zu bilden.

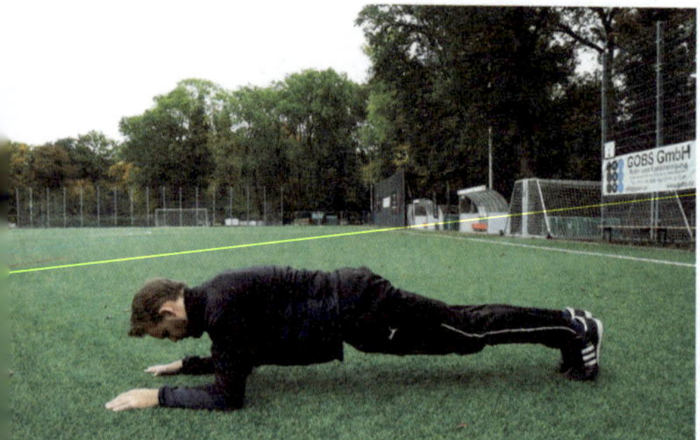

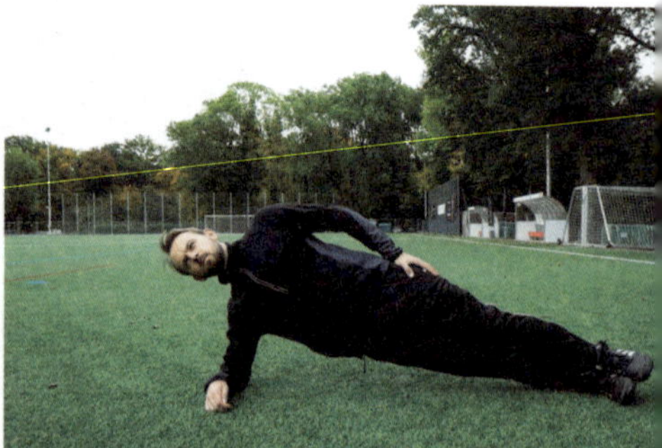

Zwischen Oberkörper und Oberarm ist wieder ungefähr ein 90-Grad-Winkel. Wie immer bei einseitigen Übungen nicht vergessen: beide Seiten gleich trainieren. Wenn du beim seitlichen Plank die Schwierigkeit noch erhöhen willst, dann kannst du das obere Bein anheben und/oder den oberen Arm gerade nach oben strecken. Um einen ähnlichen Trainingseffekt wie beim Plank zu bekommen, aber mit einem etwas gesenkten Schwierigkeitsgrad kannst du den Plank auch auf den Händen machen. Also in der Liegestützposition mit ausgetreckten Armen.

Mountain Climber

Die Mountain Climber sind ebenfalls eine effektive Übung für den gesamten Oberkörper und besonders für die Bauchmuskeln. Zudem finden sie gut Platz in einem High Intensity Workout, um die Kraftausdauer zu trainieren.

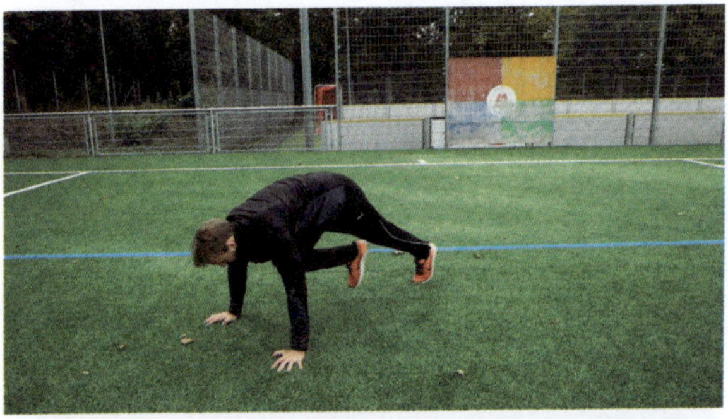

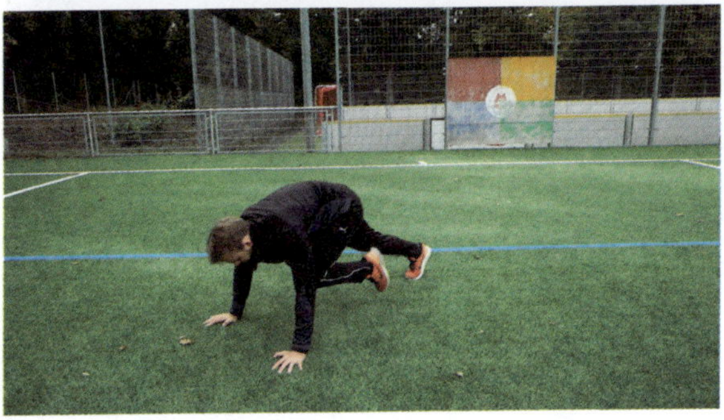

Ausführung:

- Beginne aus einer Liegestützposition mit gestreckten Armen, die sich ungefähr senkrecht zum Boden befinden.
- Ziehe nacheinander deine Knie zum Brustkorb an.
- Achte darauf, dass dein Oberkörper möglichst gerade bleibt und sich möglichst wenig mitbewegt.

Beispieleinheit

Hier eine kurze Beispieleinheit für eine Ganzkörpereinheit mit hoher Intensität. Das bedeutet Übungen mit vielen Wiederholungen und kurze Pausen zwischen den einzelnen Übungen. Bereite dich kurz vor mit Stretching für Oberkörper und Beine und aktiviere deine Schultern, indem du diese und die Arme einige Zeit kreisen lässt.

- Kniebeugen 30 Sekunden
- Pause
- Explosive Liegestütze 30 Sekunden
- Pause
- Ausfallschritte 30 Sekunden
- Pause
- Superman 30 Sekunden
- Pause
- Diamond-Liegstütze 30 Sekunden
- Pause
- Hip Thrust 30 Sekunden
- Pause
- Mountain Climber 30 Sekunden

Nach einem Durchgang kannst du eine längere Pause von ca. einer Minute machen und wieder von vorn starten. Natürlich kannst du dir die Übungen auch selbst zusammenstellen. Achte allerdings darauf, dass in einem Ganzkörperworkout auch alle Muskelgruppen ähnlich repräsentiert sind.

Wenn du eine Übung nicht komplett 30 Sekunden am Stück durchziehen kannst, mache etwas langsamer. Wenn du ein solches Workout einige Male absolviert hast, wirst du auch direkt eine Steigerung spüren und es wird dir leichter fallen, mehr Wiederholungen in der gleichen Zeit zu schaffen. Ein solches Workout kannst du problemlos auch während der Saison in den Trainingsplan einbauen und zwei- bis dreimal machen.

Schau dir dazu das Video auf YouTube an:

Übungen mit Geräten

Fortgeschrittene Sportler oder Jugendfußballer, die schon etwas älter sind, können beim Training mit Geräten potenziell noch mehr herausholen. Dafür kann man beispielsweise in einem Fitnessstudio angemeldet sein, einige Vereine haben, aber auch interne Krafträume. Aber auch mit Widerstandsbändern, die in den letzten Jahren immer populärer geworden sind, kann man viele gute Übungen umsetzen. Ich werde hier die elementarsten Übungen vorstellen und erklären. Am besten sucht ihr euch aber wie schon weiter oben erwähnt einen Trainer oder fachkundigen Partner, der euch beim Einstieg überwacht, und somit bei der Ausführung nicht allzu viel schiefläuft.

Kniebeuge

Die beste und größte Übung kommt zuerst. Den grundsätzlichen Bewegungsablauf und was die Kniebeuge zu einer solch guten Übung macht, habe ich ja schon weiter oben erklärt. Mit Gewicht ändert sich der Anspruch allerdings noch mal etwas.

Die wichtigsten Tipps zur Ausführung:

- Gehe zunächst noch mal ohne Stange in die Knie. Stelle deine Füße etwa schulterbreit auf. Achte darauf, dass deine Knie nicht nach innen fallen, sondern dass sie deinen Zehenspitzen folgen, die leicht nach außen zeigen.

- Beginne mit einer leeren Hantelstange und platziere diese auf deinem Nacken. Achte darauf, dass die Stange wirklich nur auf der angespannten Muskulatur aufliegt und nicht auf dem Knochen oder Halswirbel. Wenn du die Stange aus dem Rack herausnimmst, sollte sich diese auf einer solchen Höhe befinden, dass du nicht auf die Zehenspitzen musst, um sie aus der Halterung herauszuheben.
- Greife die Stange möglichst eng und baue maximale Körperspannung auf beim Herausheben und gehe nur einen Schritt zurück und stelle dich dann auf.
- Gehe mit der Hüfte nach unten und gefühlt leicht nach hinten, wie wenn du dich auf einen Stuhl setzen würdest. Halte den Kopf gerade und gucke auf einen Punkt am Boden, der etwa zwei bis drei Meter vor dir ist.
- Halte den Rücken gerade und stabil. Dafür gilt es, den Bauch, Po und unteren Rücken anzuspannen.
- Brust raus, aber kein Hohlkreuz machen.
- Gehe nur so tief, wie du deinen Rücken gerade halten kannst und mit den Füßen komplett auf dem Boden stehen bleiben kannst.

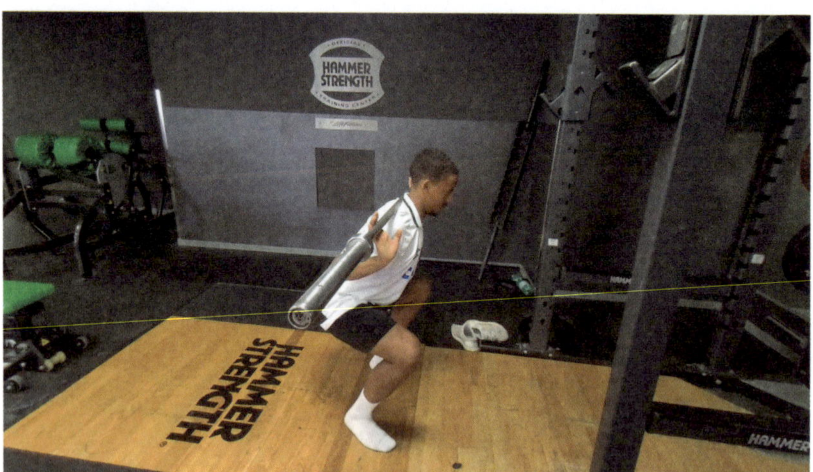

Bankdrücken

Das Bankdrücken ist eine weitere Grundübung der Kraftsportler und eine effektive Verbundsübung, um Kraft und Muskeln im Oberkörper aufzubauen. Vor allem die Brust wird trainiert, aber auch Schultern und Trizpes. Man kann das Bankdrücken mit zwei Kurzhanteln ausführen oder mit einer Langhantel, wie ich es nachfolgend beschreiben werde.

Ausführung:

- Lege dich flach auf eine Hantelbank mit den Augen unter der Stange. Die Füße stehen fest auf dem Boden, um zu stabilisieren.
- Ziehe deine Schulterblätter zurück. Wenn dabei ein leichtes Hohlkreuz entsteht, ist das in Ordnung.

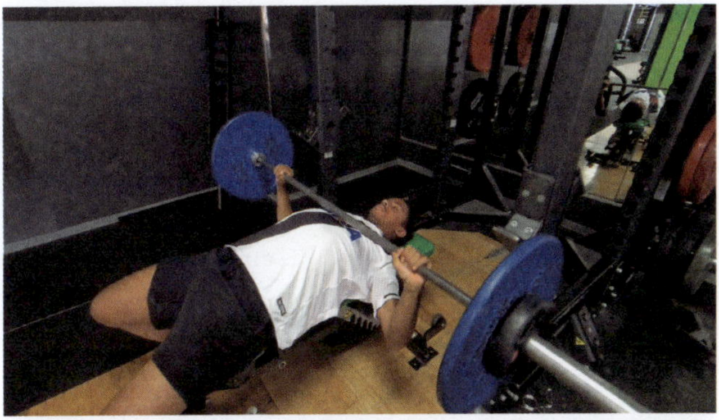

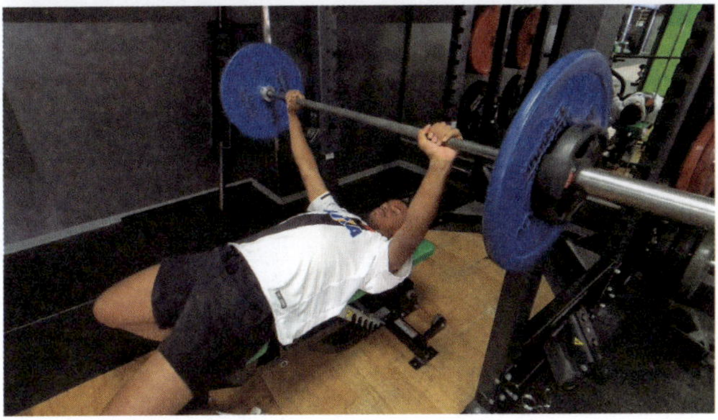

- Umfasse die Stange fest mit jeweils der ganzen Hand, etwas weiter als schulterbreit.
- Führe die Stange nach unten auf deine Brust und atme dabei ein. Deine Oberarme bilden mit dem Oberkörper ungefähr einen 45-Grad-Winkel.
- Lege die Stange nicht auf der Brust ab, sondern halte die Spannung und drücke die Stange dann nach oben. Atme dabei aus.
- Achte darauf, dass deine Schulterblätter fest nach hinten gezogen bleiben.

Zu Beginn wirst du vor allem koordinativ noch Schwierigkeiten haben, wenn du das erste Mal eine Langhantel beim Bankdrücken bewegst. Deshalb nicht zu früh ungeduldig werden und zu viel Gewicht forcieren. Gerade am Anfang wird man sich schnell verbessern bei der Koordination und so auch Fortschritte machen.

Klimmzug

Den Klimmzug kennt sicher jeder und ihn wird auch jeder zumindest schon mal probiert haben. Manchen fällt er von Natur aus leichter, andere haben einen etwas längeren Weg, ihn zu erlernen. Auf jeden Fall ist er ebenfalls eine effektive Übung für den Oberkörper, hauptsächlich für den Rücken und auch für den Bizeps. Er ist eine Übung, die du an vielen Orten ausführen kannst, du brauchst dafür nur eine Stange, die sich gut greifen lässt und etwas Platz nach oben hat.

Ausführung:

- Du kannst die Stange im Ober- oder Untergriff fassen. Also entweder so, dass die Handflächen von dir weg oder zu dir herzeigen.
- Greife die Stange etwas weiter als schulterbreit.
- Ziehe die Schulterblätter nach hinten und ziehe dich dann nach oben mit dem Ziel, dass das Kinn über die Stange kommt.

Tatsächlich würde ich es schon als fortschrittlich bezeichnen, wenn man den Klimmzug so beherrscht, dass man mit ihm trainieren kann.

Deshalb können Einsteiger ein Widerstandsband benutzen. Das ist nicht nur eine tolle Möglichkeit zum Trainieren, sondern auch ein guter Weg, wenn man seinen ersten Klimmzug schaffen will. Widerstandsbänder findet man heutzutage in den meisten Sportläden, da sie in jüngerer Vergangenheit immer beliebter wurden für das Krafttraining.

Befestige dafür das Band mit einer Schlaufe um die Klimmzugstange, steige mit einem oder mit beiden Füßen in das Band und absolviere so die Klimmzüge. Das Band wird dich dabei unterstützen, sodass du effektiv weniger Kraft brauchst, um dich nach oben zu ziehen.

Sumo Squats mit Kurzhantel

Ein ausgetüftelter Name für eine simple Übung, die ich dennoch, oder gerade deswegen, besonders gern Fußballern empfehle. Diese Übung ist gut, um die Hilfsmuskeln wie beispielsweise die Adduktoren zu trainieren, die bei einem Fußballspieler gern mal zwicken. Mit deren Stärkung beugst du aber auch gut Verletzungen, etwa im Kniegelenk, vor.

- Das „Sumo" im Namen steht für den breiten Stand, den du einnimmst.
- Die Zehenspitzen zeigen dabei schräg nach außen.
- Stelle einen schweren Gegenstand, den du gut greifen kannst, zwischen deine Beine. Das kann beispielsweise eine Kurzhantel sein oder auch ein Six-Pack aus Wasserflaschen. Wenn du diese Übung erstmalig ausführst beziehungsweise noch lernst, führst du sie erst mal ohne Gewicht aus.
- Mit dem Gewicht in den ausgestreckten Armen gehst du mit dem Po nach unten. Den Rücken hältst du dabei möglichst gerade und aufrecht.
- Beim Beugen zeigen die Knie ungefähr die Richtung deiner Zehenspitzen.
- Bei der Aufwärtsbewegung schiebst du den Po wieder nach vorn.

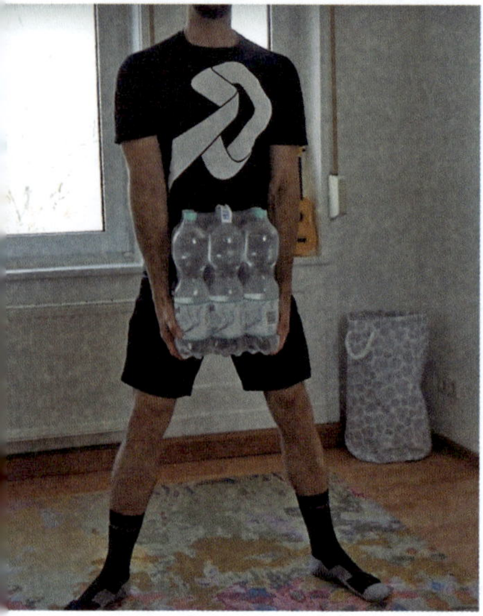

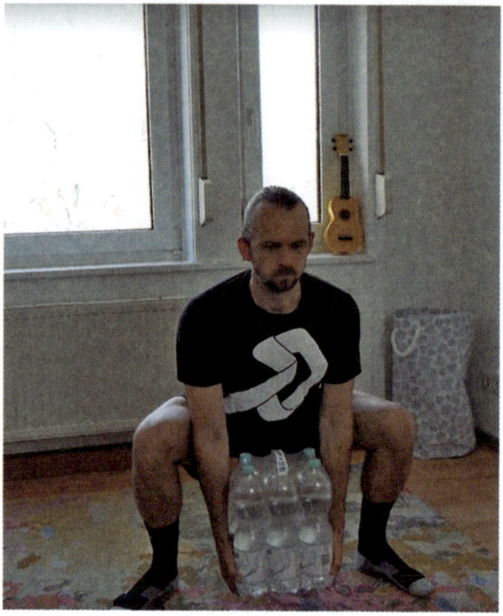

Schau dir dazu das Video auf YouTube an:

5.2 Ausdauertraining

Grundsätzlich bin ich der Meinung, dass das beste Ausdauertraining immer noch mit dem Ball stattfindet und dass man möglichst wenig Zeit in einem Fußballtraining für reines Dauerlaufen aufwenden sollte. Dennoch gibt es auch Raum für Lauftraining, um reine Ausdauer zu bolzen. Natürlich kann man auch an seiner Ausdauer auf dem Rad oder beim Schwimmen arbeiten. Beides sind tolle sportliche Ergänzungen. Laufen passt aber natürlich immer zur Laufsportart Fußball und ist auch die Disziplin, in der ich die meiste eigene Erfahrung gemacht habe. Wer sich darauf einlässt, der kann auch feststellen, dass Lauftraining nicht öde sein muss, sondern auch viel Spaß machen und einem viel Energie geben kann.

Das Spannende beim Ausdauertraining ist für mich, dass es hauptsächlich ein Kampf gegen dich selbst ist, gegen den Drang, den Lauf einfach abzubrechen und es gut sein zu lassen. „Schließlich hast du ja heute schon genug gemacht", sagt der innere Schweinehund. Oder du läufst noch eine Runde mehr. Das macht das Ganze auch zu einem mentalen Training, mit dem du an deiner Willensstärke arbeitest. Denn ausdauertechnisch steckt im Menschen ein riesiges Potenzial. Es gibt dir außerdem die Möglichkeit, ganz dezidiert und konzentriert alles aus dir herauszuholen, was ein tolles Gefühl sein kann – und jeder bestätigen wird, der dieses Gefühl kennt.

Effektiver kannst du dein Ausdauertraining gestalten, je fußballspezifischer du es umsetzt. Im ersten Schritt bedeutet das **Intervalltraining:** Beim Intervalltraining wechselst du ab zwischen sehr intensiven Phasen und Erholungsphasen. Dies entspricht prinzipiell einer fußballspezifischen Ausdauer. Denn auch beim Fußball bist du in sehr unterschiedlichen Geschwindigkeiten unterwegs: Du sprintest, um einen Ball zu bekommen. Du läufst locker mit beim geschlossenen Verschieben. Oder das Spiel ist unterbrochen und du gehst oder stehst. Bei der genauen Gestaltung gibt es unendliche Möglichkeiten. Du kannst variieren bei der Pausenzeit, mit welcher Belastung du die intensive Phase ausführst, und wie deine Erholungsphase aussieht. Und ob du dich bei deinen Phasen auf bestimmte Strecken oder bestimmte Zeiten beziehst. Um diese Phasen jeweils gleich auszuführen, bietet es sich an, auf einer Stadionrunde oder auf einem Spielfeld zu laufen. So kann man genau sehen, welche Strecke jeweils gelaufen wird. Bevor du in die erste intensive Phase kommst, solltest du allerdings darauf achten, schon gut aufgewärmt zu sein oder dich schon mal mit etwas weniger Intensität an das höhere Tempo herantasten.

Um das Intervalltraining noch spezifischer zu gestalten, kannst du noch Richtungswechsel und Drehungen einbauen. Also beispielsweise ein Pendel laufen oder spitze Richtungsänderungen mit kürzeren geraden Strecken. Das wäre etwa der Fall, wenn du ein kleines Quadrat mit seinen Diagonalen abläufst.

5.3 Mobility

Beim Mobility Training wird aktiv an der Beweglichkeit der Gelenke gearbeitet. Es geht über das klassische Dehnen, welches wir alle ähnlich aus dem Fußballtraining kennen, hinaus, denn es werden Muskeln und Gelenke betrachtet, die sonst gern mal vernachlässigt werden, da diese nicht so sehr im Fokus stehen. Ziel ist es grundsätzlich, die Beweglichkeit zu verbessern und mögliche muskuläre Spannungen zu lösen. Das betrifft hier vor allem die Hüfte, in der auch höherklassig spielende Fußballer oft unbeweglich sind.

Diese Vorteile kann dir eine Verbesserung deiner Beweglichkeit bringen:

- Durch einen erhöhten Bewegungsradius (Range of Motion, kurz: ROM) wirst du kraftvoller und kannst Bewegungen effizienter ausführen, da du für gleiche Bewegungen weniger Energie aufwendest. Das bedeutet, dass du deine Athletik verbesserst.
- Es hilft dabei, Verletzungen vorzubeugen.

Wann baut man das Mobility Training am besten ein?

Seit ich selbst begonnen habe, regelmäßig meine eigene Mobility Routine zu absolvieren, ist sie aus meinen sportlichen Aktivitäten nicht mehr wegzudenken. Am besten machst du die Übungen vor dem eigentlichen Training, da dir dann das Lösen von Spannungen oder Blockaden direkt weiterhelfen kann. Eine Erwärmung vor den Beweglichkeitsübungen sollte aber auch stattfinden, um deinen Körper schon etwas geschmeidiger zu machen. Ich selbst bin mittlerweile relativ zwanglos und baue meine Dehnungsübungen in ein Aufwärmen mit ein und wechsle dabei untereinander ab.

Man kann eine Mobility-Einheit aber auch genauso gut isoliert und unabhängig vom eigentlichen Training ausführen.

Wie sorgt man dafür, dass das Mobility Training ein Erfolg wird?

Das Mobility Training ist selten etwas, das einem direkt viel Spaß macht. Kurzfristige Erfolge sind oft nicht sichtbar und man braucht einiges an Geduld, um den Fortschritt zu spüren. Viele geben bald wieder auf, nachdem sie von den Vorteilen gelesen haben und motiviert in das Mobility Training starten. Deshalb ergibt es Sinn, sein Mobility Training zur Routine zu machen. Entweder sich die extra Zeit vor dem Training nehmen oder sich einen festen Zeitpunkt am Tag nehmen. Dafür sind der Morgen oder der Abend gut geeignet, vor oder nach der Schlafenszeit. Auch die Fernseh- oder YouTubezeit kannst du noch sinnvoller nutzen und währenddessen deine Übungen machen. Die Dauer der ganzen Einheit muss 15 Minuten nicht überschreiten. Wie oft man dies pro Woche macht, ist, wie alles, eine individuelle Frage. Es kann jeden Tag sein oder auch nur zwei Mal pro Woche. Man sollte aber beachten, dass, wenn sich ein Erfolg einstellen soll, zum einen die Konstanz und Regelmäßigkeit und zum anderen die Langfristigkeit wichtig sind. Der Weg ist hier das Ziel, betrachte das Mobility Training als einen Baustein, der ein Teil von dir als kompletter Athlet ist.

5.3.1 Meine Mobility Routine

Ich stelle hier meine Routine vor, die die meiner Meinung nach wichtigsten Übungen beinhaltet. Jeder hat selbstverständlich seine eigenen Schwerpunkte, auf die er sich konzentriert.

1. **Adduktoren dehnen, Leiste locker machen**

   Setze dich auf den Boden, führe die Fußsohlen zusammen, nimm die Füße in die Hand und drücke mit den Ellbogen die Knie nach unten.

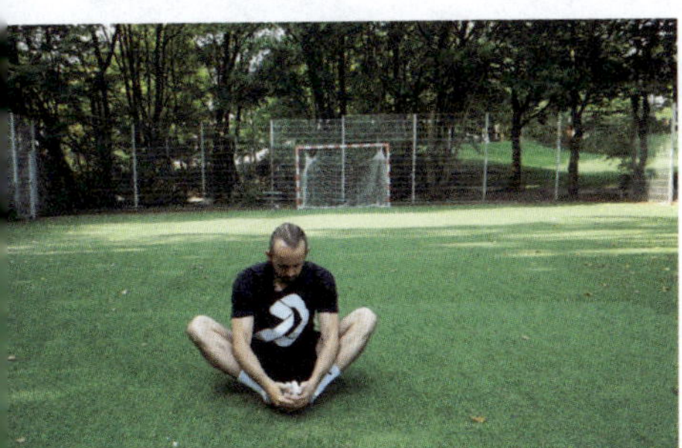

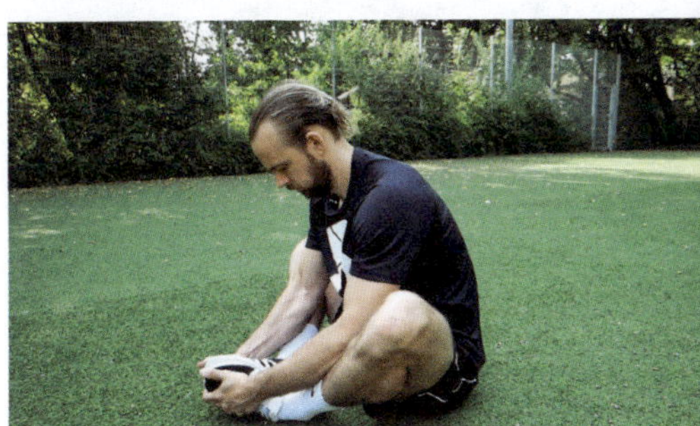

2. Unterer Rücken

Auf den Rücken legen, ein Bein anwinkeln und mit dem gegenüberliegenden Arm nach unten Richtung Boden ziehen. Den anderen Arm seitlich wegstrecken und in dessen Richtung schauen. Den Rest des Körpers möglichst gerade auf dem Boden lassen.

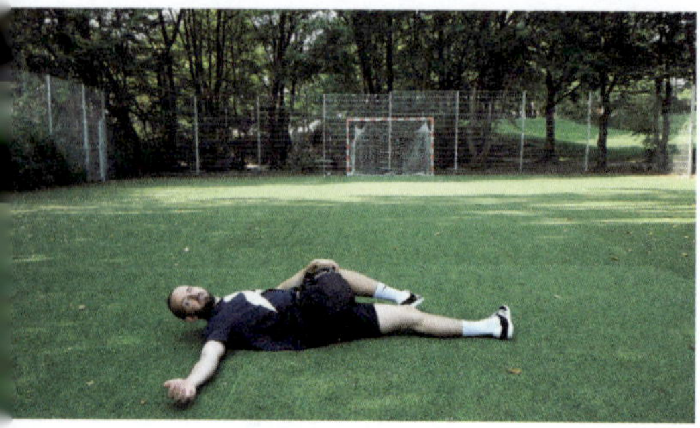

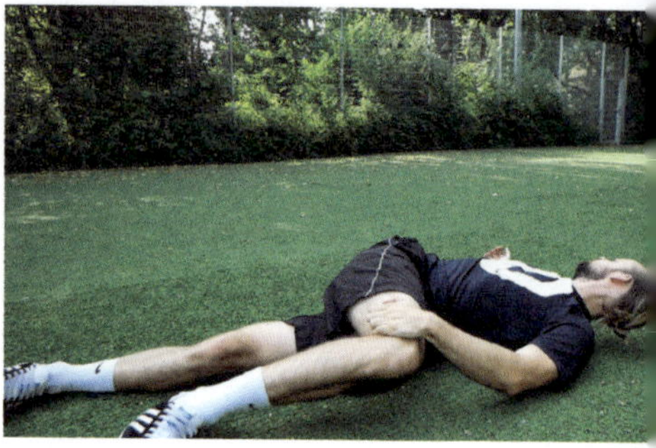

3. Bein anziehen

Auf dem Rücken liegend nimmst du ein Knie in beide Hände und ziehst es zu dir Richtung Kopf.

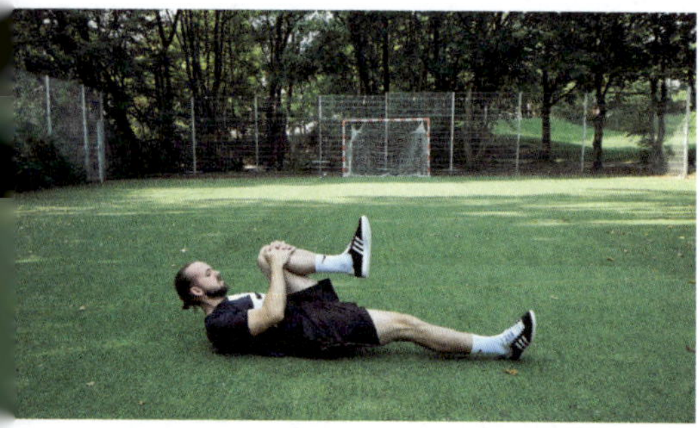

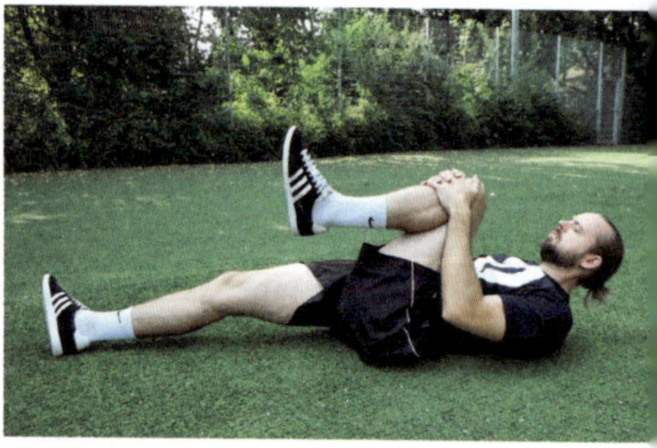

4. Ausfallschritt

Gehe in den Ausfallschritt mit einem Fuß und dem Knie des anderen Beins jeweils auf dem Boden, sodass du im vorderen Knie ungefähr einen 90-Grad-Winkel hast und im hinteren Knie etwas

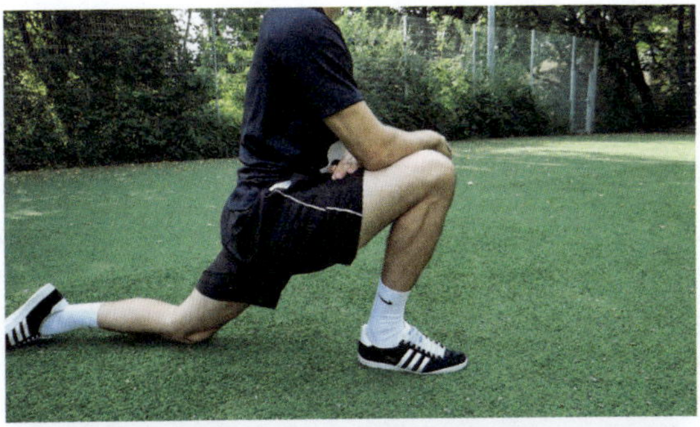

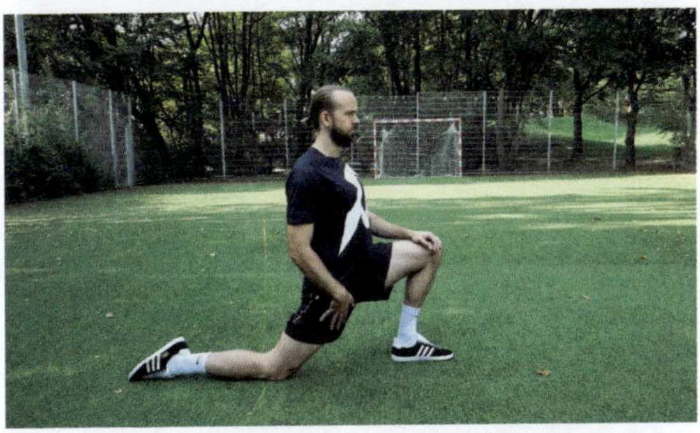

mehr als 90 Grad. In dieser Position gehst du nach vorn tief in die Hüfte. Wenn du den Oberkörper eher nach vorn lehnst, dehnt dies vor allem die Hüfte des vorderen Beins. Wenn du ihn dagegen eher nach hinten lehnst, kannst du dabei den Hüftbeuger des hinteren Beins mit dehnen.

5. Ausfallschritt erweitern

Aus dieser Position beugst du dich nach vorn, gehst mit deinem Arm auf der Seite des vorderen Beins innen am Knie entlang und greifst deinen Fuß außerhalb oder mittig. Mit deinem Ellbogen drückst du jetzt dein Knie vorsichtig nach außen. Taste dich an diese Übung langsam heran und schau, dass du einen stabilen Stand behältst.

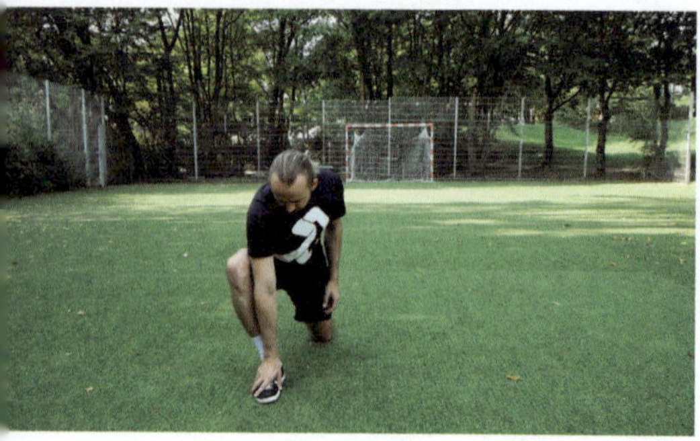

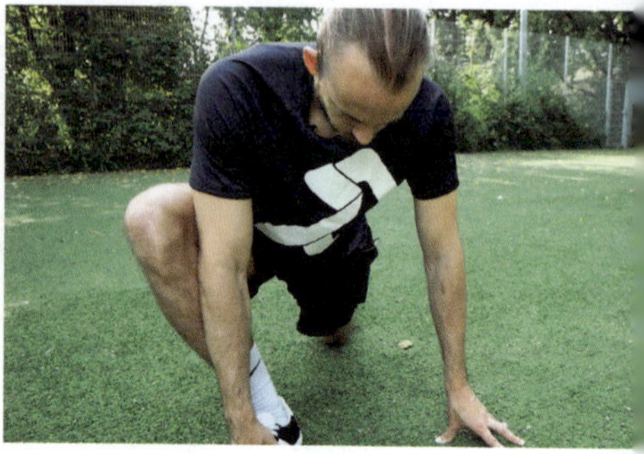

6. Po dehnen

Aus der Ausfallschrittposition legst du den unteren Teil deines vorderen Beins auf dem Boden ab. Ziel ist es, einen rechten Winkel im Knie des vorderen Beins zu haben. Wenn das noch zu schwierig ist, kannst du das Ganze etwas weiter anwinkeln und

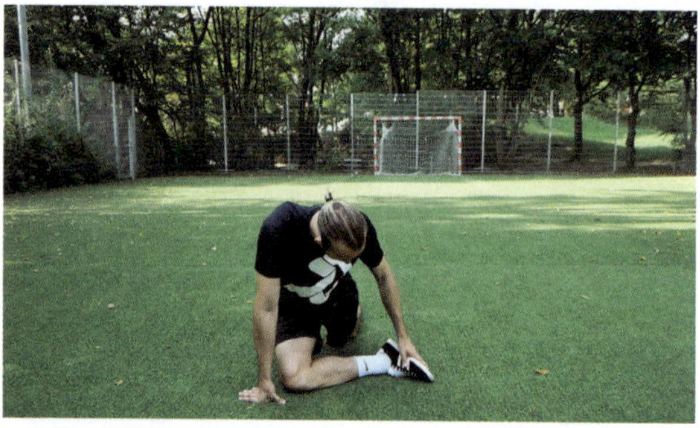

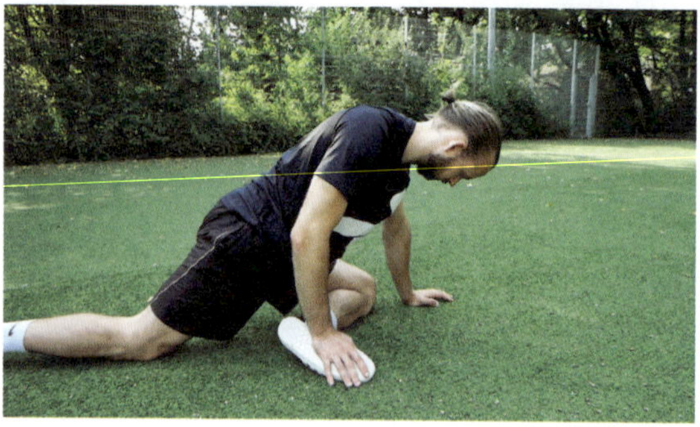

dich langsam nach vorn tasten. Wenn du deinen Oberkörper vorsichtig nach vorn lehnst, wirst du eine Dehnung im Po spüren.

7. Hocke

Gehe in eine Hocke, Fußspitzen zeigen nach außen und die Knie in die Richtung der Fußspitzen. Halte deinen Torso stabil, also Bauch und unteren Rücken anspannen. Drücke dann mit deinen Ellbogen die Knie auseinander.

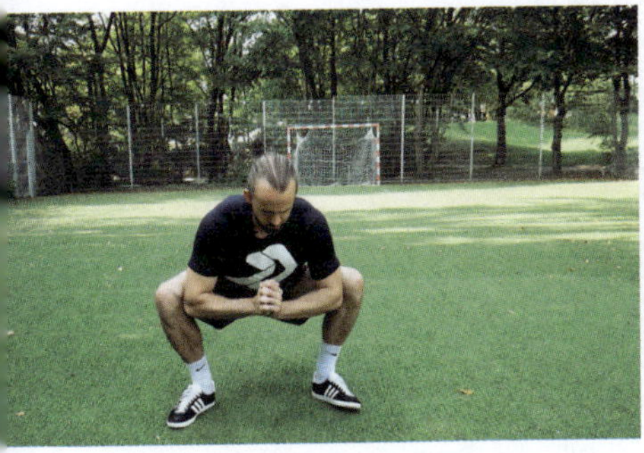
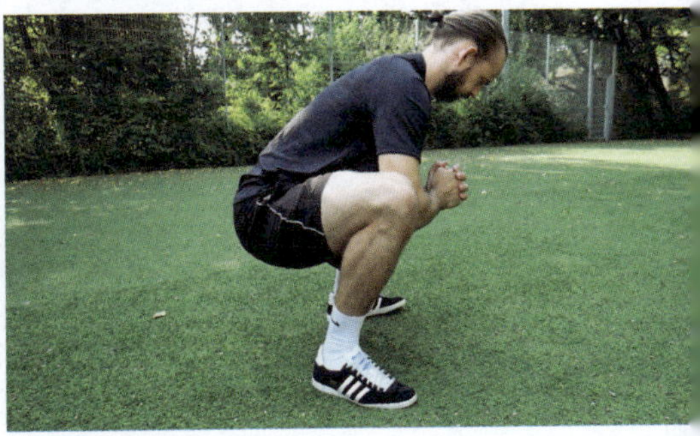

8. Sprunggelenk 1

Aus der Hocke Position beugst du dich über einen Fuß nach vorn und drückst das Bein dabei nach vorn. Die Ferse muss dabei auf dem Boden bleiben. Wenn du es richtig machst, spürst du ein Ziehen von der Ferse hoch, wo die Sehne gestreckt wird.

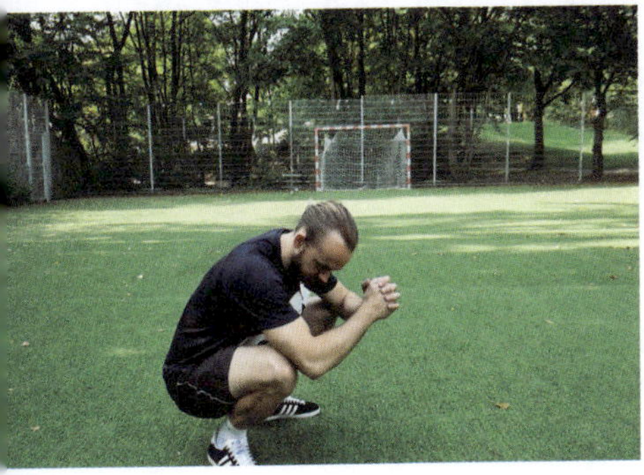
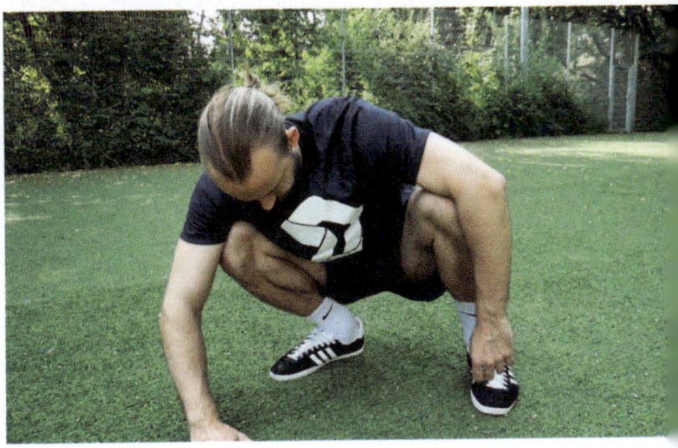

9. Sprunggelenk 2

Die zweite Variante ähnelt dem Wadendehnen im Stehen. Du machst einen kleinen Schritt nach vorn und schiebst das hintere Schienbein nach vorn und unten. Die Ferse muss wieder auf dem Boden bleiben und das Bein muss hier nicht durchgestreckt werden.

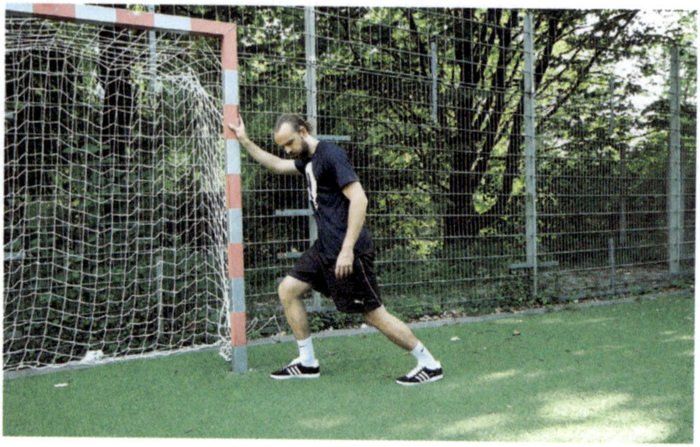

Schau dir dazu das Video auf YouTube an:

5.4 Schneller werden

Schneller werden ist eines der Themen, nach denen ich immer wieder gefragt werde. Jeder Fußballer wäre gern zumindest ein wenig schneller. Denn Schnelligkeit wird im modernen Fußball immer wichtiger. Darum widmen wir in diesem Part der Schnelligkeit noch ein eigenes, kurzes Kapitel.

Jeder weiß, dass es wirklich schwierig ist, seine Schnelligkeit zu verbessern, und die genetische Veranlagung hier den größten Teil ausmacht. Die Hoffnungen sollten also nicht übertrieben sein, beziehungsweise man sollte hier nicht zu viel erwarten, um nicht enttäuscht aufzugeben. Denn wer vorher durchschnittlich schnell war, wird sich ab einem gewissen Alter auch nicht mehr zur Rakete á la Mbappé entwickeln. Dennoch ist immer etwas Spielraum für Verbesserungen da. Ich möchte hier fünf Komponenten vorstellen, die bei deiner Geschwindigkeit eine Rolle spielen, und an denen du arbeiten kannst.

1. Antritt und Koordination bei Richtungswechseln

Beim Fußball hast du hauptsächlich viele kurze Sprints und entsprechend viele Richtungswechsel. Das gilt für Verteidiger, die auf einen Angreifer reagieren, und auch für Stürmer, die sich versuchen freizulaufen.

Beispielübungen:

- Kniesprünge: Du startest mit den Knien und den Füßen auf dem Boden, „springst" aus dieser Position auf die Füße und gehst direkt in einen Sprintantritt über. Du kannst dafür deine Arme als Schwunghilfe mitnehmen und musst mit der Explosivität aus der Hüfte arbeiten.
- Richtungswechsel: Mit drei oder mehr Hütchen kannst du hier ganz simpel, aber effektiv trainieren und viele verschiedene Variationen ausprobieren. Stelle beispielsweise drei Hütchen in einem Abstand von ca. 6 Metern auf und starte vom **Mittleren zu einem Äußeren**, von dort ans andere Ende und wieder in die Mitte.

Eine Variante wäre hier beispielsweise, die Hütchen in einer L-Form aufzustellen, sodass du ums Eck laufen musst.

2. Kraft

Schaut man sich professionelle Sprinter an, wird man sie kaum von einem Bodybuilder unterscheiden können. Sie sind ziemlich muskelbepackt. Stellt man einen Marathonläufer daneben, weiß jeder sofort, wer von den beiden der Ausdauerläufer und wer der Sprinter ist. Auch bei den Antritten und kurzen Sprints spielt die Kraft in den Beinen eine große Rolle. Ein Fußballer muss praktisch eine gesunde Mischung für sich finden. Denn außer den vielen kurzen und auch längeren Sprints läuft er ja auch noch einen Viertelmarathon in jedem Spiel.

Beispiele:

- Beispiele zu den Kraftübungen mit und ohne Geräte findest du im entsprechenden Kapitel weiter oben.
- Es geht aber auch hier anders mit einigen funktionellen Übungen, von denen ich großer Fan bin: Explosive Treppenläufe oder Bergsprints geben richtig Power in den Beinen.

3. Schnelle Füße

Die ganze Kraft in den Beinen soll am besten auch noch möglichst schnell umgesetzt werden. Das kannst du beispielsweise so üben:

- Verschiedene Skipping-Varianten durch Hütchen oder eine Koordinationsleiter. Seitlich oder vorwärts mit schnellen Trippelschritten und kurzen Bodenkontakten durch die Hindernisse.
- Treppenläufe sind auch hier wieder eine gute Variante. Allerdings mit einem anderen Schwerpunkt als im vorangegangenen Kraftpart. Möglichst jede Treppenstufe so schnell wie möglich nehmen. Nimm die Knie dabei mit hoch und denke dabei wieder an die Nähmaschine. Auf den Treppen ist das gleichzeitig auch eine gute koordinative Übung.

4. Laufstil

Jeder hat seinen eigenen, individuellen Laufstil, der sich auch nicht ohne Weiteres ändern lässt. Aber auf ein paar Dinge kann man trotzdem achten. Nicht alles auf einmal, sondern sich immer wieder mal etwas vornehmen. Wenn man bewusst am Laufstil arbeiten will, übt man das am besten bei einem Steigerungslauf, bei dem man sich langsam an die Höchstgeschwindigkeit herantastet.

- Die Arme sollten ungefähr einen rechten Winkel haben und nach vorn nicht allzu weit hochgenommen werden, dafür aber nach hinten weit mitgenommen werden.

- Achte darauf, dass die Arme gerade am Körper vorbeigehen und dass dein Oberkörper eher aufrecht bleibt und nicht zu weit nach hinten gelehnt ist.
- Gesprintet werden sollte nur auf den Fußballen.

5. Kopf

Hier möchte ich zwei mentale „Hacks“ vorstellen, die nur aus meiner persönlichen Erfahrung kommen, aber für mich gut funktioniert haben. Auf diese kann man sich mal einlassen, wenn man etwas längere Sprints exklusiv übt.

- Wenn man eine gute Zeit bei einem 100-m-Sprint erzielen will, hängt das meist davon ab, wie gut man seine Geschwindigkeit halten kann. Stelle deinen Kopf beim Sprint also so ein, dass du immer weiter versuchst, zu beschleunigen, also versuchst, bis zum Ende noch schneller zu werden.
- Stell dir vor, du läufst wie auf heißen Kohlen (oder stell dir vor, der Boden ist Lava). Das soll verursachen, dass du den Boden nur so kurz wie möglich mit den Fußballen berührst.

6. Ernährung

Zu einem ganzheitlichen Sportler gehört eine ausgewogene Ernährung und auch im Spitzenfußball wird einer guten Ernährung ein immer höherer Stellenwert eingeräumt, um die Fitness zu optimieren. Bei den frühen Trainer-Stationen von Thomas Tuchel und Pep Guardiola, die beide als Perfektionisten gelten, gab es immer wieder Berichte, wie nicht nur auf dem Trainingsplatz auf alle Details geachtet wurde, sondern auch der Speiseplan und die Ernährung der Profis genau unter die Lupe genommen und verbessert wurde. Da sich viele Fußballer noch wenig Gedanken um eine gute Ernährung gemacht haben, steckt in diesem Teil noch viel Potenzial zur Verbesserung. Wenn du selbst dabei etwas ändern möchtest, gebe ich hier einen kleinen Einstieg und ein paar Tipps, was deinen Speiseplan betrifft.

6.1 Die Basics

Zunächst schauen wir uns an, welche Nährstoffe in Lebensmitteln enthalten sind und welche Funktion sie erfüllen.

Beginnen wir mit den drei Makronährstoffen, die die Energieträger, umgangssprachlich bekannt als Kalorien (tatsächlich Kilokalorien, kurz: kcal), eines jeden Lebensmittels sind.

Kohlenhydrate

Kohlenhydrate sind die wichtigsten Energielieferanten für deinen Körper und sollten den Hauptbestandteil deiner Ernährung ausmachen.

Sie werden als Glykogen im Körper gespeichert und bei körperlicher Belastung von deinen Muskeln und auch von deinem Gehirn verbraucht. Unterschieden wird zwischen kurzkettigen (einfachen) und langkettigen (komplexen) Kohlenhydraten. Die kurzkettigen Kohlenhydrate können schneller verarbeitet werden, wohingegen die langkettigen länger satt halten und den Blutzuckerspiegel weniger ansteigen lassen.

Beispiele für Lebensmittel mit einfachen Kohlenhydraten:

- Zucker
- Weißmehl
- Reifes Obst

Langkettige Kohlenhydrate findest du beispielsweise in diesen Lebensmitteln:

- Vollkornprodukte
- Kartoffeln
- Hülsenfrüchte
- Brauner Reis
- Gemüse

Proteine

Proteine sind auch bekannt als Eiweiße und sind der Grundbaustein sowohl unserer Muskeln als auch von Haut, Haaren und Nägeln. Außerdem dienen sie auch als Energielieferant, sobald die Kohlenhydratspeicher aufgebraucht sind.

In diesen Lebensmitteln ist relativ viel Protein enthalten:

- Fleisch und Fisch
- Milchprodukte (Milch, Joghurt, Quark etc.)
- Eier
- Hülsenfrüchte (Linsen, Bohnen etc.)
- Sojaprodukte (Tofu)

Fette

Entgegen ihrem Ruf sind Fette ebenso essenziell für deine Gesundheit wie die anderen Makronährstoffe. Sie sind nicht nur Geschmacksträger, sondern ermöglichen dir auch, Vitamine aufzunehmen. Es wird unterschieden zwischen gesättigten und ungesättigten Fettsäuren. Beide sollten in deiner Ernährung enthalten sein.

Beispiele für Lebensmittel mit gesättigten Fettsäuren:

- Butter
- Kokosfett

Hier findest du wertvolle ungesättigte Fettsäuren:

- Olivenöl
- Fettiger Fisch
- Nüsse
- Avocado

Nährstoffverteilung

Ich werde hier einen ungefähren Richtwert aufzeigen, wie die Verteilung der drei Makronährstoffe aussehen kann, möchte aber anfügen, dass dies schon etwas vorausgreift. Denn sich mit der genauen Verteilung seiner Makronährstoffe zu beschäftigen, ist schon für Fortgeschrittene, auch wenn es nicht schadet, schon mal ein erstes Gefühl dafür zu bekommen.

Das ist der Brennwert der Makros (Kalorien = kcal):

- 1 g Kohlenhydrate = ca. 4 kcal
- 1 g Proteine = ca. 4 kcal
- 1 g Fett = ca. 9 kcal

Im Internet findet man zahlreiche Kalorienrechner, die einen individuellen und ungefähren täglichen Kalorienbedarf errechnen können. Hier eine Beispielrechnung für einen jungen Sportler, für den wir einen Kalorienbedarf von 3000 kcal ermittelt haben:

Als aktiver Sportler solltest du mindestens 1 g Fett pro 1 kg Körpergewicht zu dir nehmen. Also bei einem Körpergewicht von 65 kg 65 g Fett, was 585 kcal entsprechen würde und in diesem Fall ca. 20 % des täglichen Kalorienbedarfs entspricht. Die deutsche Gesellschaft für Ernährung empfiehlt einen Wert von 30 %. Es darf also ruhig noch etwas mehr als 65 g für unseren jungen Sportler sein.

Für den Proteinbedarf würde ich auch ungefähr 1 g Eiweiß pro 1 kg Körpergewicht empfehlen. Wenn man Muskeln aufbauen will, darf es auch ruhig etwas mehr sein, nämlich bis zu 1,5 g Eiweiß. Bei 1 g würde das ungefähr 260 kcal entsprechen (4 × 65).

Den Rest des Kalorienbedarfs kann man simpel mit Kohlenhydraten auffüllen.

Mikronährstoffe

Außer den Makronährstoffen gibt es auch noch passenderweise die Mikronährstoffe (Mikros), denen man ebenso Beachtung schenken sollte. Sie sind meist enthalten in Lebensmitteln, die uns ohnehin schon als gesund bekannt sind, und die treibende Kraft für alle Vorgänge in deinem Körper sind. Dazu gehören Vitamine, Mineralstoffe und Spurenelemente. Bei den Lebensmitteln sind hier vor allem Obst und Gemüse zu nennen, aber auch andere natürliche Lebensmittel wie Nüsse, Samen und Hülsenfrüchte.

6.2 Tipps für die Ernährung

Wie schon weiter oben erwähnt, finde ich es auch hier wichtig, sich erst auf die Basics zu konzentrieren. Wenn man diese verinnerlicht hat und in seinen Alltag integriert, kann man sich bei den Prioritäten langsam nach oben arbeiten. Schaue als Erstes, dass du genug Wasser trinkst: Habe immer eine Flasche Wasser zur Hand. Dann achtest du darauf, genug Obst und Gemüse zu essen, um so deine Mikronährstoffe zu bekommen. Als Nächstes könntest du darauf achten, dass du die richtigen Fette gegessen hast oder, wenn du Muskeln aufbauen willst, genug Protein gegessen hast. Wenn du dann hauptsächlich gesunde Lebensmittel in deinen Speiseplan integriert hast, kannst du auf die Verteilung deiner Makronährstoffe schauen und auf dein Mahlzeitentiming achten, also welche Mahlzeit du wann isst. Zum Schluss, wenn du alles gemeistert hast, kannst du dir sogar noch Gedanken machen und dich informieren über Nahrungsergänzung.

Ich selbst habe für mich für eine gewisse Zeit einige Regeln aufgestellt, die mir geholfen haben, mich auf eine Ernährung für einen leistungsfähigen Sportler einzustellen. Du musst sie nicht alle übernehmen, aber kannst sie als Inspiration ansehen:

1. **Obst und/oder Gemüse in jeder Mahlzeit**

   Die Basis für eine gesunde Ernährung und die Hauptträger von Vitaminen, Mineralien und Ballaststoffen.

2. **Natürliche Lebensmittel**

   Bevorzuge natürliche Lebensmittel, die möglichst wenig verarbeitet sind und keine künstlichen Zusatzstoffe enthalten (Geschmacksverstärker, Süßstoff, ...).

3. **Jeden Tag etwas Grünes essen**

   Grüne Lebensmittel (Spinat, Salat, Brokkoli, ...) enthalten Chlorophyll und sind noch mal besonders wertvoll, was Antioxidantien und Nährstoffe betrifft.

4. **Die letzte Mahlzeit zwei bis drei Stunden vor dem Schlafengehen**

   Wenn dein Magen während des Schlafens nicht noch eine kürzlich eingenommene Mahlzeit verdauen muss, hast du nicht nur einen besseren Schlaf, sondern dein Körper kann sich auch darauf konzentrieren, überschüssiges Fett abzubauen. Zudem achte ich darauf, nichts schwer Verdauliches als letzte Mahlzeit zu essen.

5. **Keine kurzkettigen Kohlenhydrate**

Vermeide möglichst einfache Kohlenhydrate (Zucker, weiße Nudeln, Weißbrot, ...). Eine Ausnahme wäre nach dem Training.

6. **Fett und Kohlenhydrate trennen**

Das ist schon etwas fortgeschritten und kann bzw. muss auch nicht immer zu 100 % passen. Aber wenn man sich anschaut, wie Fett und Kohlenhydrate hauptsächlich zusammen vorkommen, kann man sich vorstellen, was gemeint ist. Beispielsweise gehört die Butterbrezel nicht zur bevorzugten Sportlernahrung.

7. **Protein in fast jeder Mahlzeit**

Wenn man die Regel davor beachtet, bleibt einem fast nichts anderes übrig, als dafür ein Protein in jeder Mahlzeit zu haben (Milch, Fisch, Eier, ...). Als Fußballer, der nicht das Ziel hat, Muskeln aufzubauen, kann dies aber auch vernachlässigt werden.

8. **Die richtigen Fette**

Dazu habe ich ja schon etwas im Abschnitt über die Fette geschrieben. Schau, dass du gute Fette wie Omega-3-Fettsäuren aus fettigem Fisch, Walnüssen und Olivenöl bekommst. Aber auch gesättigte Fettsäuren brauchst du. Deswegen ruhig gern auch mal etwas in Butter braten.

9. **Nach dem Training ist die wichtigste Mahlzeit**

Entgegen einer populären Meinung ist nicht das Frühstück die wichtigste Mahlzeit, sondern die, die du nach dem Training einnimmst. Gib deinem Körper das, wonach er sich sehnt, wenn er ausgepowert ist: wichtige Nährstoffe, Kohlenhydrate und Proteine.

10. **Es muss schmecken**

Wenn das Essen nicht schmeckt, hat das alles keinen Sinn. Finde Mahlzeiten für dich, auf die du dich freust, und bei denen du dich nicht zwingen musst, sie zu essen. Mach dich außerdem nicht verrückt mit zu vielen Regeln, sondern vergiss auch regelmäßig alle Regeln und iss, worauf du Lust hast.

6.3 Was essen vor und nach einem Spiel oder Training?

Vor dem Spiel

Vor dem Spiel oder auch vor einem Training solltest du deine Energiespeicher auffüllen. Das bedeutet, die Mahlzeit vorher sollte in erster Linie Kohlenhydrate enthalten und zusätzlich ein wenig gute Fette. Vor allem gut sättigende Lebensmittel mit komplexen Kohlenhydraten, die dir länger erhalten bleiben, sollten dabei im Vordergrund stehen. Beispielsweise Vollkornnudeln, Kartoffeln oder auch ein gutes Brot. Mein Favorit ist dabei ein reichhaltiges Müsli mit Obst und Nüssen, aber Geschmäcker sind ja bekanntlich verschieden.

Bis zum Spiel sollte auch alles verdaut sein, nimm die letzte Mahlzeit also ca. 2 bis 3 Stunden vorher ein. Wenn du merkst, es reicht nicht ganz zum Spiel und dass du Hunger bekommen könntest, kannst du immer noch zu einem Snack greifen. Hier kommt der Sportler-Klassiker ins Spiel: die Banane.

Tatsächlich sollten voluminöse Lebensmittel wie Gemüse und Salat hier ausnahmsweise nicht an erster Stelle stehen und außerdem sollte das Essen natürlich gut verträglich für dich sein. Hier hat ja ebenfalls jeder unterschiedliche Voraussetzungen, aber vermeide Dinge, von denen du weißt, dass sie deinen Magen aufblähen.

Nach dem Spiel

Nach dem Spiel oder Training gilt es, die Glykogenspeicher wieder aufzufüllen und die Mineralstoffe wiederherzustellen, die du durch vieles Schwitzen ausgeschieden hast. Hierfür sind kurzkettige

Kohlenhydrate zusammen mit Protein die richtige Wahl. Eine reife Banane ist auch hierfür wieder direkt nach dem Spiel sehr gut geeignet und kann mit Quark oder Joghurt gegessen werden.

Etwas später, wenn du wieder zu Hause bist, kann dann eine vollwertige Mahlzeit folgen mit Gemüse, Nudeln oder Reis und zum Beispiel einem fettigen Fisch.

7. Spielen im Verein

7.1 Ausrüstung – Das muss in deine Sporttasche

Hier kommen einige Gegenstände, die sich gut in deiner Sporttasche machen. Manche davon sind essenziell, ein paar davon sind weniger wichtig, können dir aber das Fußballerleben angenehmer machen.

- **Schuhe**

  Wer hätte es gedacht: Schuhe sind das wichtigste und können praktisch nicht vergessen werden. Es kann aber auch mal mehr als ein Paar in der Sporttasche landen. Wenn nicht klar ist, auf welchem Untergrund man spielt, sollte man am besten auf Nummer sicher gehen und Schuhe mit unterschiedlichen Sohlen dabeihaben: beispielsweise Multinocken für besonders harte oder flache Untergründe, auch wenn solche Plätze immer seltener werden. Oder, sofern es schon erlaubt ist, Schuhe mit Schraubstollen, wenn der Rasen nass oder besonders tief ist.

- **Unterwäsche**

  Vor allem in den kalten Jahreszeiten trumpft die sogenannte Thermounterwäsche groß auf. Die sitzt sportlergerecht eng am Körper, soll warmhalten und sich gleichzeitig nicht zu sehr mit Schweiß vollsaugen. Davon gibt es auch verschiedene Ausführungen: kurzärmlig, langärmlig sowie mit kurzen und langen Hosen.

- **Antirutschsocken**

  Die Socken mit Grip sind ein relativ neuer Ausrüstungsgegenstand in der Sporttasche eines Fußballers. In meiner Jugend gab es diese noch nicht, mittlerweile sind sie aber sehr beliebt. Sie sollen Halt im Schuh geben und verhindern, dass man nicht mit dem Fuß im Schuh „schwimmt“, also im Schuh herumrutscht.

■ Schienbeinschützer

Ein weiterer Gegenstand, der sich über die Zeit sehr verändert hat. Früher waren diese noch groß und dick. Mir war persönlich immer der Knöchelschutz besonders wichtig, da das die Stelle ist, wo man als schneller Spieler am meisten auf die Knochen bekommt. Heute sind die Schienbeinschützer nur noch so klein und leicht wie nötig und viele Spieler bearbeiten diese noch weiter, damit sie noch kleiner werden, oder stellen sie direkt mit einigen Tricks selbst her.

■ Faszienrolle

Die Faszienrolle muss natürlich nicht unbedingt in die Sporttasche. Man kann sie auch zu Hause lassen und sich zu Hause darauf ausrollen. Bei vielen professionellen Jugendmannschaften sind diese allerdings immer dabei und es wird sich nach dem Spiel oder Training ausgerollt.

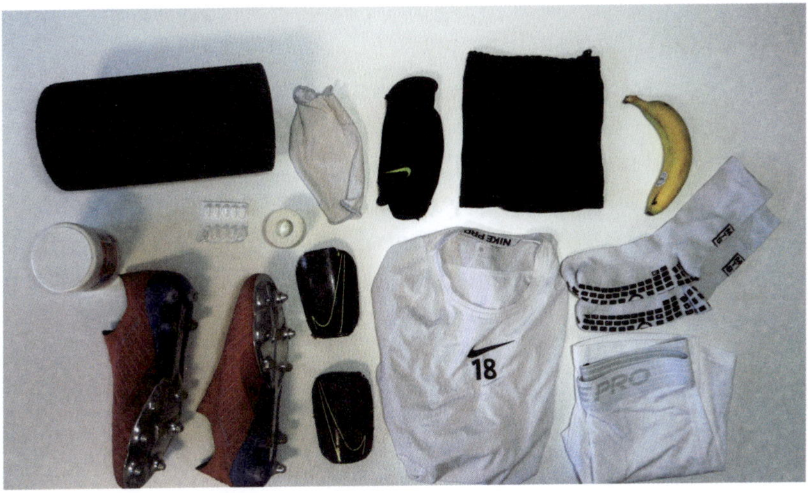

- **Banane und Wasser**

  Ein Snack für den Notfall solltest du immer dabeihaben. Wenn du doch auf einmal Hunger verspüren solltest, bist du auf der sicheren Seite. Ich habe auch immer mein eigenes Wasser dabei, auch wenn es vor Ort etwas gibt, denn die ausreichende Hydrierung ist das Wichtigste für jeden Sportler.

7.2 Die perfekte Vorbereitung auf ein Spiel

Die optimale Vorbereitung auf ein Spiel beginnt lange vor dem tatsächlichen Anpfiff und kann einen bedeutenden Einfluss auf deine Leistung auf dem Platz haben. Ich zeige dir einige Prinzipien, die dir helfen, dich bestmöglich auf jedes Spiel vorzubereiten:

- **Regeneration**

  Die Vorbereitung auf das nächste Spiel beginnt bereits unmittelbar nach dem letzten Spiel. Eine effektive Regeneration kann sich auf einen längeren Zeitraum ausdehnen. Also beispielsweise direkt nach dem Spiel durch Kälteanwendung und im Nachgang durch Auslaufen und Stretching.

- **Reflektion und Visualisierung**

  Nutze ruhige Minuten in den Tagen vor dem Spiel, um in Gedanken bereits auf dem Platz zu stehen. Reflektiere noch mal das letzte Spiel und nimm dir Dinge vor, die du verbessern möchtest. Nimm dir dabei nicht zu viel vor, sondern starte mit einer einzelnen Kleinigkeit. Außerdem kannst du auch schon mal im Kopf durchgehen, wie du Traumpässe spielst, erfolgreiche Grätschen setzt oder wichtige Tore schießt.

- **Ernährung**

  Eine ausgewogene Ernährung ist essenziell für deine körperliche Leistungsfähigkeit. Kapitel 8.3 hat sich ausführlich diesem Thema gewidmet, aber hier sollst du auch noch mal daran erinnert werden, dass die richtige Nahrungsaufnahme in den Tagen vor dem Spiel einen erheblichen Einfluss auf deine Form hat.

- **Ausreichender Schlaf**

  Schlaf ist nicht nur in der Regenerationsphase wichtig. Stelle deswegen unbedingt sicher, dass du in den Tagen vor dem Spiel ausreichend Schlaf bekommst, um körperlich und geistig fit auf dem Spielfeld zu stehen.

- **Kleine Rituale und Routinen**

  Habe deine eigenen kleinen Rituale, die dir helfen, dich in den richtigen mentalen Zustand zu versetzen. Ob es nun der gleiche Snack, das gleiche Getränk vor dem Spiel ist oder eine fixe Stretching- oder Aufwärmsequenz, diese Routinen können dir helfen, dich auf das Spiel zu fokussieren und in den „Tunnel“ vor dem Spiel zu kommen.

Wie du siehst, habe ich mich hier relativ allgemein gehalten und keinen festen Ablauf vorgegeben. Solche strengen Regeln könnten dich eher noch aus dem Konzept bringen, wenn du beispielsweise

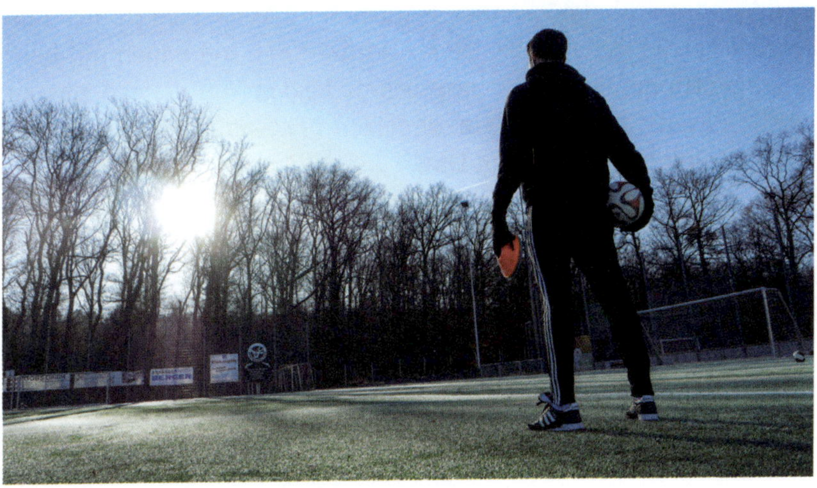

etwas vergisst und so auf einmal das Gefühl bekommst, ohne diese Kleinigkeit gehe jetzt gar nichts mehr. Nutze diese Prinzipien, um dich selbst in eine positive und vorfreudige Stimmung zu versetzen.

7.3 Den richtigen Verein finden: eine wichtige Entscheidung

Die Suche nach dem passenden Fußballverein ist eine bedeutende Entscheidung und kann die Richtung deiner sportlichen Entwicklung und vor allem deinen Spaß am Spiel maßgeblich beeinflussen. Aber keine Sorge, diese Entscheidung ist nie in Stein gemeißelt. Vor allem, wenn du noch jung bist, ist es wahrscheinlich und so sollte es auch sein, dass deine Eltern dich bei der Vereinssuche unterstützen. Sprecht in dem Fall also auch gemeinsam über die wichtigen Punkte. Egal, ob du bereits in einem Verein spielst und nach neuen Herausforderungen suchst oder gerade deine ersten Schritte im Vereinsfußball machst, hier sind einige Ideen, die dir als Gedankenstütze dienen, um den richtigen Verein für dich zu finden:

Spielzeit als Schlüsselkriterium: Die Spielzeit ist von entscheidender Bedeutung. Achte also darauf, dass du nicht überfordert bist und zumindest gut mithalten kannst. Natürlich muss es auch immer Auswechselspieler geben, aber diesen Punkt kann man auch gut beim potenziellen neuen Trainer ansprechen: Legt er Wert darauf, dass jeder Spieler eine ausgeglichene Spielzeit bekommt und dass der gesamte Kader miteinbezogen wird?

Geografische Nähe: Die geografische Nähe des Vereins ist ein wesentlicher Faktor. Je näher der Verein, desto besser. Dies erleichtert nicht nur die Teilnahme an Trainingseinheiten und Spielen und spart viel Zeit bei der Anreise, sondern fördert auch die soziale Integration im Vereinsumfeld.

Probetrainings nutzen: Vereinbare mehrere Probetrainings bei verschiedenen Vereinen. Bei einem Probetraining kannst du einen ersten

Eindruck von der Atmosphäre, dem Training und der Mannschaftsdynamik bekommen. Vor allem wenn du unterschiedliche Vereine besuchst, hast du einen guten Vergleich.

Der Trainer: Der Trainer spielt eine Schlüsselrolle bei jeder Mannschaft. Achte darauf, ob dir der Trainer sympathisch ist, sich engagiert oder eine klare Philosophie verfolgt. Frage auch gern nach, was seine Ideen im Training und im Spiel sind. Pass aber auf, dass du dich nach einem ersten Eindruck nicht zu schnell festlegst. Es bleibt nur ein erster Eindruck und ein Verhältnis kann sich über die Zeit stark ändern.

Es ist unwahrscheinlich, dass du einen perfekten Verein findest, bei dem alles passt. Setze deine persönlichen Präferenzen und finde so eine gute Mischung aus sportlichen und menschlichen Werten.

7.3.1 Tipps fürs Probetraining

Bei den meisten kleineren Vereinen ist es kein Problem, sich zu einem Probetraining anzumelden und bei Gefallen auch später Mitglied zu werden. Man hat also selbst die Wahl, bei welchem Verein man spielen möchte. Bei größeren oder besseren Vereinen bekommt das Probetraining noch eine andere Bedeutung. Hier schaust nicht nur du dir den Verein an, sondern du selbst und dein fußballerisches Können werden unter die Lupe genommen. Auch der Verein schaut, ob du in das Team passt und ob dein spielerisches Niveau ausreichend ist, um auf genügend Spielzeit zu kommen, oder ob du die Mannschaft verstärken kannst. Bei den Top-Vereinen ist es überhaupt schon ein großer Erfolg, zu einem Probetraining eingeladen zu werden. Wenn es mal so weit ist, ist das eine aufregende Situation. Hier kommen einige Tipps, wie du dich in einem Probetraining gut schlägst und nachhaltig einen guten Eindruck hinterlässt.

Vorbereitung:

- Die körperliche Fitness ist die Basis: Stelle sicher, dass du in bestmöglicher Form bist. Mach dich vorher nicht unnötig kaputt und erscheine gut erholt und trainiert zum Training, um dein ganzes Potenzial ausschöpfen zu können.

- Richtige Ausrüstung: Gut vorbereitet zu erscheinen, gehört zu einem professionellen Auftreten. Habe Fußballschuhe für alle möglichen Untergründe dabei. Ergänzend dazu sollten auch Laufschuhe in deiner Sporttasche sein. Probetrainings finden meist in der Vorbereitung statt und man weiß ja nie, was der Trainer vorhat.
- Mental: So ein Probetraining ist immer eine besondere Gelegenheit. Dass du dabei aufgeregt bist, ist ganz natürlich. Betrachte diese Nervosität nicht als Problem, sondern nimm diese nicht nur an, sondern sieh sie als etwas Positives. Usain Bolt läuft im Training auch keinen Weltrekord. Er braucht die Aufregung des Wettkampfs, um die absolute Bestleistung abrufen zu können. Mache die Aufregung auch für dich zum entscheidenden Vorteil, um deine Bestleistung abzurufen. Du brauchst dir auch vorher keinen großen Kopf zu machen. Du wirst nicht ohne Grund beim Probetraining dabei sein dürfen. Das Niveau dort wird wahrscheinlich gut zu dir passen und die Spieler stehen im Normalfall mit ihrer individuellen Klasse auch nicht über dir.

Im Kapitel zuvor haben wir schon besprochen, was zu einer guten Spielvorbereitung gehört. Bereite dich mit der gleichen Ernsthaftigkeit auf das Probetraining vor. Körperlich gut gerüstet und mit einer mentalen Einstellung, die auf deine Höchstleistung ausgerichtet ist.

Beim Training:

- Professionelles Verhalten: Pünktlichkeit habe ich schon erwähnt. Sie ist unter anderem auch ein Zeichen für Zuverlässigkeit. Spieler, auf die man sich verlassen kann, werden immer gern gesehen. Sei höflich gegenüber Mitspielern und Trainern. Es scheint vielleicht übertrieben, dies extra zu erwähnen, aber auch auf gute Umgangsformen wird immer geachtet.
- Sei fokussiert: Habe deinen Fokus während des Trainings immer auf den Übungen und dem Spiel. Lass dich nicht ablenken oder

runterziehen, wenn du mal eine schlechte Aktion hattest, sondern mache direkt weiter. Genauso feierst du dich natürlich auch nicht übertrieben, wenn du eine gelungene Aktion hattest. Angeber sind selten gern gesehen und schließlich sind gute Aktionen für dich ja nichts Besonderes. :-)

- Zeige deine Stärken: Wenn es darum geht, deine Stärken zu zeigen, solltest du dich nicht mit falscher Bescheidenheit zurückhalten. Es wäre ja schade, wenn die Trainer nichts von deiner individuellen Klasse mitbekommen würden. Sei also mutig, wenn es darum geht, deine Stärken auszuspielen: egal, ob es ein starkes, selbstbewusstes Passspiel, ein besonders gefährlicher Fernschuss oder deine enorme Robustheit im Zweikampf ist. Zeige, wie du das Team bereichern kannst.

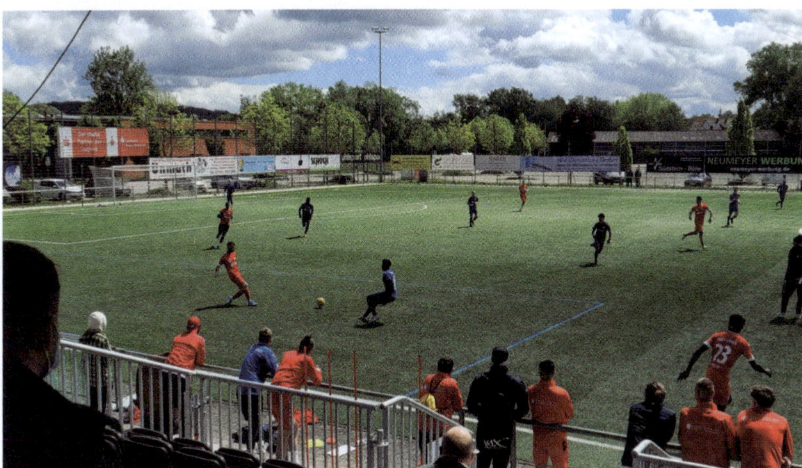

2021 begleitete ich Nill zu einem Probetraining beim 1. FC Rielasingen-Arlen. Dort wurde extra ein großes Probetraining für die Herrenmannschaft in der Oberliga organisiert, wo viele Spieler aus Baden-Württemberg und dem nahen Frankreich vorspielten.

- Erfülle die Erwartungen der Trainer: Was Trainer immer sehen wollen, sind Motivation und Einsatz. Streng dich an und gib in jeder Situation alles. Zeig deine Leidenschaft für das Spiel. Gibt der Trainer bei einer Übung einen bestimmten Fokus vor oder betont, worauf es ihm ankommt und was er explizit sehen möchte, versuche dies auch konsequent umzusetzen.

Mit einem Probetraining kannst du den Grundstein für eine erfolgreiche Laufbahn bei einer neuen Mannschaft legen.

7.3.2 Wann und wie zu einem professionellen Verein wechseln?

Im vorangegangenen Kapitel ging es darum, welche Kriterien den richtigen Verein für dich ausmachen können. Legst du den Fokus auf die beste sportliche Entwicklung, können andere Punkte noch eine Rolle spielen. Entscheidend bleibt für mich aber immer der Trainer: hat er eine Rolle im Team für dich gefunden und stärkt dich mit Vertrauen? Fördert er dich spielerisch und persönlich? Gibt er dir viel Spielzeit und erlaubt er dir, Fehler zu machen? Kannst du die meisten Fragen mit Ja beantworten, ist das schon mal ein gutes Zeichen. Das goldene Lernalter ist in der D-Jugend und noch bis in die C-Jugend. Hier sollte man für die beste Entwicklung schauen, dass du ein Umfeld hast, das dich entsprechend fordert und fördert, und dass du auf einem Niveau spielst, das deinem entspricht.

Wie kann man es in ein Nachwuchsleistungszentrum schaffen?

Der Wechsel zu einem professionellen Verein muss nicht so früh passieren, wie viele Spieler und auch Eltern oft denken. Oft ist es für deine Entwicklung aus vielen verschiedenen Gründen besser, bei einem kleineren Verein zu spielen. In jüngeren Jahrgängen (U10, U11) wird häufig noch bei Hallenturnieren gescoutet, wo viele Spieler gesehen werden können. Auch meine Brüder haben nach Hallenturnieren lose Anfragen von Profivereinen bekommen.

Mittlerweile findet der gerade Weg in ein NLZ über die DFB-Stützpunkte und Länderauswahlen statt. Mit der passenden Qualität ist es sehr schwer, durchs Raster zu fallen.

Trotzdem ist es nicht unmöglich, durch eigenes Zutun den Weg in ein NLZ zu finden:

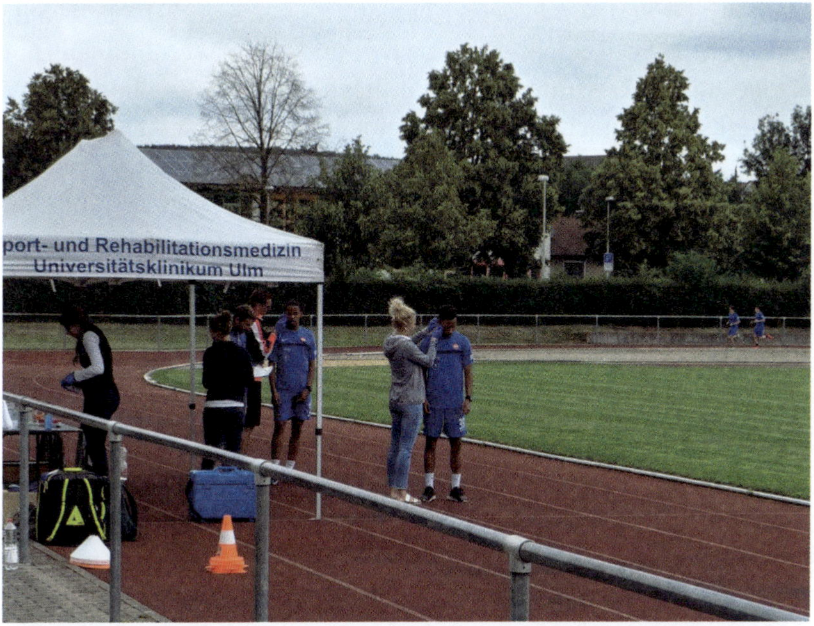

Nill und Ken beim Laktattest in Heidenheim während der Saisonvorbereitung 2018

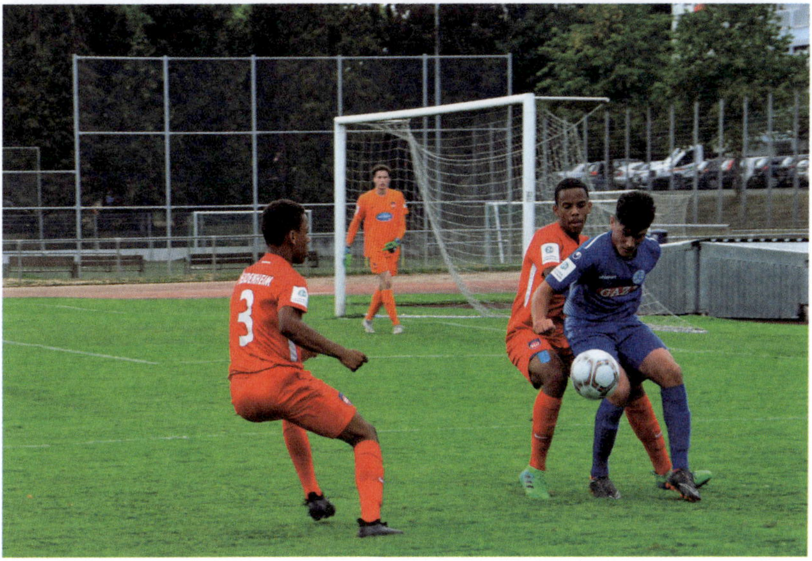

Und bei einem Punktspiel in der U 17-Bundesliga Süd

Mein Bruder Ken wurde beim Übergang zum älteren B-Jugend-Jahrgang vom 1. FC Heidenheim gesichtet und auch übernommen. Auf eigene Initiative wurde der Verein noch auf Kens Zwillingsbruder aufmerksam gemacht. Nill hatte keine leichte Saison davor gehabt, da er als jüngerer Jahrgang in der U17-Oberliga beim SGV Freiberg nicht viel zum Zug kam und so natürlich nicht besonders auf dem Radar anderer Clubs war. Trotzdem bekam Nill die Chance und durfte ein Probetraining in Heidenheim absolvieren. Ein einziges Training hat gereicht und am Ende wechselten beide in das NLZ auf der schwäbischen Alb und waren im nächsten Jahr Stammspieler in der U17-Bundesligamannschaft von Heidenheim.

7.4 Berater

Wenn du in einem NLZ spielst und ein gewisses Alter erreicht hast, ist es nicht unwahrscheinlich, dass du früher oder später von einem Berater kontaktiert wirst. In der breiten Öffentlichkeit haben Berater in der Fußballwelt immer noch einen zweifelhaften Ruf. Aber in den Schlagzeilen stehen natürlich auch am ehesten die Berater, die mit fragwürdigen Methoden ihre Millionendeals forcieren wollen.

Das ist aber eher die Ausnahme. Im Normalfall ist der Berater da, um seine Spieler zu unterstützen, und bleibt eher im Hintergrund. Vor allem wenn man die ersten Schritte in den professionelleren Bereich des Fußballs wagt, kann der Berater für einen Spieler sehr hilfreich sein. Auch Nill und Ken haben seit der B-Jugend einen Berater, Saud Kapur von ASK Sportmanagement.

Ich habe ihm einige Fragen gestellt, damit er uns einen besseren Einblick in die Arbeit eines Spielerberaters geben kann:

- Frage: *Seit wann bist du als Spielerberater aktiv und wie ist es dazu gekommen?*

  Saud Kapur: Ich bin seit über 10 Jahren als Spielerberater tätig. Ich habe selbst im höheren Leistungsbereich Fußball gespielt und war zudem Jugendtrainer und Trainer im Herrenfußball. Nach meinem Master-Studium in der Betriebswirtschaftslehre war es immer mein Ziel, eine berufliche Karriere im Fußballgeschäft zu starten. Drei Jahre später wagte ich, nach langer Vorbereitung, dann den Schritt und bereue diesen bis heute nicht.

- Frage: *Welche Aufgaben übernimmst du als Berater für deine Spieler? Wie sieht dein praktischer Alltag aus?*

  Saud Kapur: Ich unterstütze die Spieler während ihrer gesamten fußballerischen Karriere – in guten, aber insbesondere in schlechten Phasen. Vertragsverlängerungen mit dem aktuellen Verein und das Vermitteln der Spieler von einem Verein zu einem anderen sind nur ein Teil der Arbeit. Hierbei geht es vor allem um Vertragsverhandlungen und das Abstecken der wichtigsten Rahmenbedingungen rund um einen Wechsel oder eine Verlängerung.

  Gerade bei Jugendspielern helfe ich auch bei Fragen zum schulischen oder beruflichen Werdegang.

  Auf sportlicher Ebene geht es vor allem darum, wie die Fußballer ihr Potenzial voll ausschöpfen und sich verbessern können. Neben Trainingsplänen, mit denen sie an ihren physischen Defiziten arbeiten können, stelle ich unseren Spielern auch Ernährungspläne zur Verfügung.

  Jeder Spieler wird regelmäßig bei Spielen besucht und analysiert und erhält eine Rückmeldung zu seiner Leistung. Ziel ist es, die Stärken der Spieler weiter auszubauen und die Schwächen klar anzusprechen, damit an diesen gearbeitet werden kann.

  Generell bin ich für unsere Spieler nicht nur der Ansprechpartner bei Fragen rund um den Fußball, sondern sehr häufig auch bei privaten Angelegenheiten. Deshalb ist es mir persönlich sehr wichtig, ein hohes Vertrauensverhältnis zu meinen Spielern aufzubauen. Sie können sich auf jedwede Unterstützung meinerseits verlassen.

- Frage: *Nach welchen Kriterien entscheidest du, welche Spieler du betreuen willst? Gehst du selbst auf die Spieler zu oder kann man sich bei dir „bewerben“?*

Saud Kapur: In der Anfangszeit als Spielerberater war ich an nahezu jedem Wochenende auf diversen Sportplätzen und habe mir potenzielle Spieler selbst angeschaut. So konnte ich mir einen ersten Stamm an Spielern aufbauen. Heute ist diese Scouting-Arbeit auf mehreren Schultern verteilt. Beraterkollegen aus der eigenen Agentur und erfahrene Scouts unterstützen mich im Scouting. Ich beobachte die fußballerischen Fähigkeiten eines Spielers, aber auch das Verhalten auf und neben dem Platz.

Wenn mir ein Spieler positiv auffällt, versuche ich an Kontaktdaten heranzukommen oder spreche ihn auch mal direkt an. Bei jungen Spielern erfolgt die Kontaktaufnahme immer über die Eltern.

Fußballspieler können sich bei meiner Agentur auch bewerben. Dies passiert mittlerweile sehr oft, wobei unsere Ansprüche, wen wir in die Agentur aufnehmen, recht hoch sind. Neben dem fußballerischen Talent ist für uns der Charakter eines Spielers sehr wichtig. Auf folgende Eigenschaften lege ich persönlich viel Wert: Zuverlässigkeit, Ehrlichkeit, eine hohe Selbstmotivation und die Bereitschaft, mehr zu tun als andere.

Das betreuen des aktuellen Spielerbestands nimmt insgesamt eine größere Zeit in Anspruch als das Suchen nach neuen potenziellen Spielern. Zur laufenden Betreuung gehört z. B. auch die Unterstützung der Spieler bei einer schweren Verletzung. Unsere Agentur kooperiert mit Sport-Fachärzten und Radiologen, um einen möglichst optimalen Genesungsverlauf sicherstellen zu können.

8. Motivation & Mindset

In diesem Kapitel geht es um dein Mindset und die richtige Einstellung. Denn um erfolgreich zu sein, brauchst du es nicht nur in den Beinen, es muss auch im Kopf stimmen. Es gibt viele Spieler, die sich selbst den Weg verbauen durch mentale Blockaden oder einen falschen Fokus. Fußball ist Kopfsache, also lass uns anschauen, ob wir auch dort etwas dazulernen können.

8.1 So wirst du auf dem Platz selbstbewusster

Mit Selbstbewusstsein zu spielen, macht nicht nur mehr Spaß, sondern ist auch der Schlüssel zum Erfolg. Es ermöglicht dir, deine Fähigkeiten zu entfalten und das zu zeigen, was wirklich in dir steckt. Dieses Selbstbewusstsein zu stärken, ist ein Prozess. Es geht also nicht von heute auf morgen, sondern ist etwas, an dem du andauernd arbeiten kannst. Hier kommen sechs Hacks, mit denen du ansetzen kannst:

- **Körpersprache:** Auf dem Fußballplatz ist Körpersprache von entscheidender Bedeutung. Kopf hoch, Brust raus! Deine positive Ausstrahlung wird nicht nur deine Teamkollegen motivieren, sondern auch den Gegner beeindrucken. Dein Körper und Geist sind miteinander verwoben – eine selbstbewusste Körpersprache lässt dich auch so fühlen und andersherum. Spiele so, als würde der Platz dir gehören.
- **Visualisierung:** Visualisierung ist eine spannende Technik, um dein Selbstbewusstsein zu steigern. Bevor du auf den Platz trittst,

nimm dir Zeit, um deine besten Szenen in deinem Geist ablaufen zu lassen. Stell dir vor, wie du den Ball kontrollierst, Tore schießt, starke Pässe spielst und Zweikämpfe gewinnst. Diese mentalen Bilder helfen dir, in eine positive Stimmung zu kommen, und zeigen dir, dass du in der Lage bist, auf höchstem Niveau zu spielen.

- **Vorbereitung:** Gehe gut vorbereitet ins Spiel. Stelle sicher, dass du deine Muskeln aufgewärmt hast, dich ausgewogen ernährt, ausreichend geschlafen und getrunken hast. Deine körperliche Verfassung beeinflusst dein Selbstvertrauen erheblich. Wenn du weißt, dass du alles getan hast, um in bestmöglicher Form zu sein, wirst du auf dem Platz viel selbstbewusster auftreten.

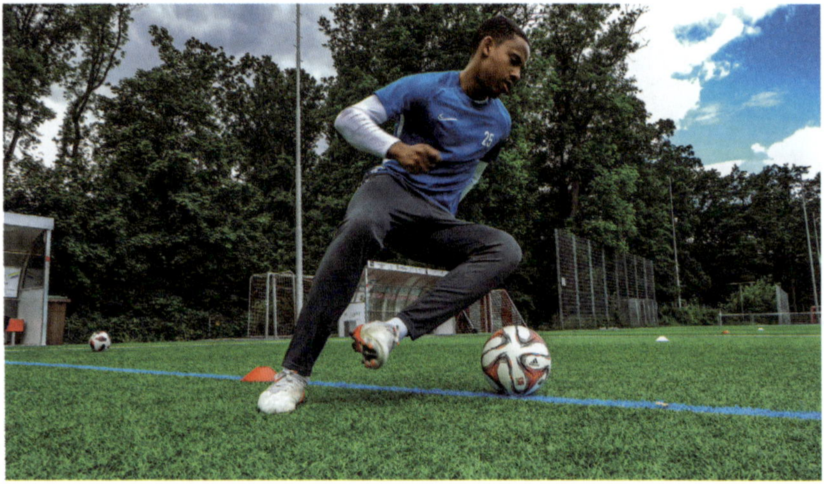

Nill beim Individualtraining

- **Routine:** Vor dem Spiel solltest du eine feste Routine haben, die du jedes Mal durchläufst. Dies hilft dir, dich nicht von Gedanken oder Entscheidungen ablenken zu lassen. Eine klare Vorbereitungsroutine gibt dir Sicherheit und stellt sicher, dass du vor dem Spiel fokussiert bist.
- **Individuelles Training:** Perfektioniere deine Technik, um dein Selbstvertrauen zu stärken. Wenn du den Ball beherrschst und ihn

in jeder Situation kontrollieren kannst, wirst du bei Ballbesitz selbstbewusster sein. Verbringe Zeit damit, an deinen technischen Fähigkeiten zu arbeiten, und du wirst die Belohnungen auf dem Platz ernten.

- **Die Dinge durchziehen:** Längerfristig gesehen wird das Durchziehen von langfristigen Zielen dein Selbstvertrauen stärken. Bleib an einem Trainingsplan dran, erfülle deine Verpflichtungen und setze dir Ziele, die du konsequent verfolgst. Das Gefühl, etwas durchzuziehen und erfolgreich abzuschließen, wird dich nicht nur auf dem Platz, sondern auch im Leben selbstbewusster machen.

8.2 So wirst du zum Führungsspieler und unverzichtbar für dein Team

Natürlich gibt es gewisse Eigenschaften einer Persönlichkeit, die dich zu eher zu einem Führungsspieler machen. Aber auch als eher zurückhaltender Charakter kannst du für dein Team unverzichtbar werden und so auch zum Führungsspieler aufsteigen.

1. **Gehe mit gutem Beispiel voran:** Als angehender Führungsspieler und unverzichtbares Teammitglied ist es entscheidend, stets mit gutem Beispiel voranzugehen. Das bedeutet, pünktlich zum Training zu erscheinen und konsequent anwesend zu sein, sowohl auf als auch neben dem Platz. Zeige Initiative, wenn es darum geht, das Training zu organisieren, Übungen aufzubauen und nach der Einheit aufzuräumen. Übernimm auch außerhalb des Spielfelds Verantwortung, beispielsweise bei organisatorischen Aufgaben.
2. **Einsatz auf dem Platz:** Ein herausragender Einsatz auf dem Spielfeld ist der Schlüssel, um das Vertrauen deiner Teammitglieder und das deines Trainers zu gewinnen. Zeige nicht nur, dass du immer alles gibst, sondern bewahre auch eine positive Einstellung, selbst wenn die Dinge nicht wie geplant laufen. Lass deinen Kopf nicht hängen, sondern versuche mit deinem Einsatz, die Stimmung

wieder herumzureißen. Statt zu kritisieren, solltest du deine Mitspieler unterstützen, sei es spielerisch oder kommunikativ.

3. **Nicht aus der Ruhe bringen lassen:** In hitzigen Momenten auf dem Spielfeld bewahrst du einen kühlen Kopf. Lass dich nicht provozieren und vertraue auf deinen Fähigkeiten, auch unter Druck die richtigen Entscheidungen zu treffen. Deine Ruhe und Souveränität in solchen Situationen werden dich als verlässlichen Anker im Team auszeichnen.

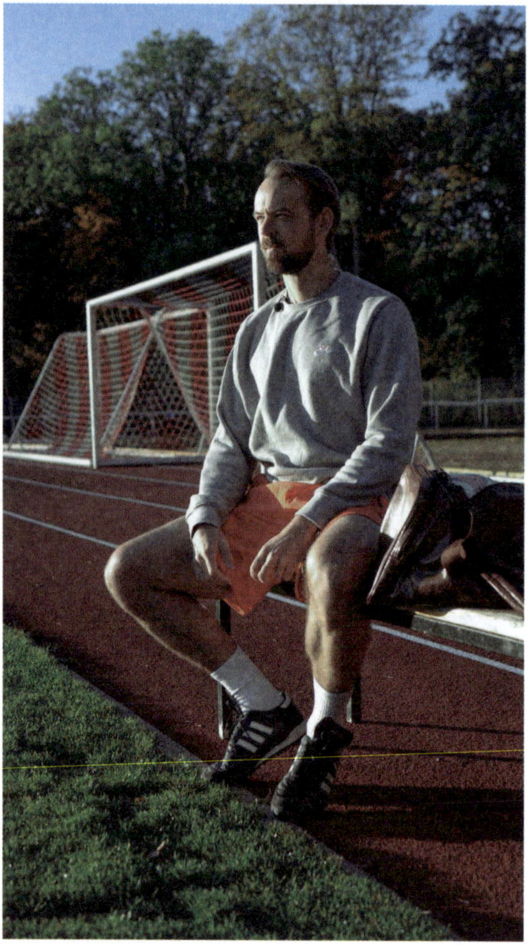

4. **Mit dem Trainer arbeiten:** Eine enge Zusammenarbeit mit deinem Trainer ist unerlässlich. Versuche, seine Ideen und Anweisungen stets umzusetzen. Ein starkes Vertrauensverhältnis zwischen dir und dem Trainer kann dazu führen, dass du auf dem Platz zum verlängerten Arm des Trainers wirst, indem du seine taktischen Vorgaben und seine Philosophie perfekt umsetzt.

5. **Mitspieler kennen:** Du musst nicht notwendigerweise mit allen deinen Mitspielern befreundet sein, aber es ist sinnvoll, sie und ihre Persönlichkeiten kennenzulernen. Dies hilft dir dabei, in verschiedenen Spielsituationen effektiver zu kommunizieren und zu agieren. Du kannst besser einschätzen, wie du deine Teamkameraden motivierst und situative, taktische Ratschläge am besten vermittelst, um das Spiel im Team zu stärken.

8.3 Das hätte ich selbst gern als Jugendspieler gewusst

Wie schon in der Einleitung beschrieben, war es als Jugendlicher immer mein Traum, Fußball nicht nur auf einem Hobby-Niveau zu spielen. Tief in meinem Inneren war ich immer überzeugt, dass es für mich möglich ist. Die Gründe, warum es trotzdem nie dazu kam, dass ich auf einem hohen Niveau gespielt habe, sind vielfältig. Einige möchte ich generell aufzeigen, damit du schon mal Barrieren umgehen kannst, die du vielleicht aus deiner Situation wiedererkennst.

■ Niemand entdeckt dich

Das klingt hart, aber so ist die Realität. Außer du schießt eh schon alles kurz und klein in jedem Spiel, dann brauchst du dir keine Sorgen zu machen. Generell ist es heutzutage, vor allem in Großstädten, schwieriger, durchs Raster zu fallen als noch vor einigen Jahren, aber man sollte trotzdem nicht zu sehr darauf hoffen, eines Tages entdeckt zu werden, und schon gar nicht davon ausgehen. Auch wenn es sehr dramatisch klingt, aber dein Schicksal liegt nur in deiner Hand. Also wenn du das Gefühl und den Wunsch hast, bei einem besseren Verein zu spielen, dann suche dir ein paar raus, die in Frage kommen und frage dort nach einem Probetraining. Ob es dann für den besseren Verein reicht oder nicht, wirst du sehen. In beiden Fällen wirst du allerdings hinterher nicht sagen können, dass du es nicht versucht hättest.

Individuelles Training

Praktisch, dass du jetzt ein ganzes Buch hast, in dem es darum geht. Natürlich wirst du nicht nur allein durch dein individuelles Training zum absoluten Ausnahmespieler. Aber du hast dennoch mehr in der eigenen Hand, als du vielleicht denkst, und hast allein damit den meisten anderen Spielern etwas voraus. Das fördert neben deinen sportlichen Fähigkeiten auch noch dein Selbstbewusstsein.

Schwächen müssen nicht für immer Schwächen bleiben

Wenn du einmal festgestellt hast, was tatsächlich in deiner eigenen Hand liegt und was du beeinflussen kannst, wirst du früher oder später auch diesen Punkt erkennen. Das Niveau deiner Fähigkeiten ist nicht in Stein gemeißelt. Wenn dir regelmäßig die Puste ausgeht, kannst du jederzeit deine Laufstärke verbessern. Nichts ist einfacher, als seine Ausdauer zu trainieren. Und wenn du meinst, du hast keinen guten Schuss, dann muss auch das nicht für immer so bleiben. Wenn du an deiner Technik arbeitest und viele Wiederholungen machst, wird sich eine Verbesserung gar nicht verhindern lassen.

Mentor oder Gleichgesinnte suchen

Mentor ist ein großes Wort, aber es muss nicht direkt ein Mr. Miyagi sein. Es reicht auch schon ein Mitspieler oder jemand aus der Familie, der dir regelmäßig konstruktives Feedback gibt. Wenn du einen Partner findest, der eine ähnliche Motivation wie du hat, ist es perfekt. Man kann sich zusammentun, motivieren und gemeinsam Spaß am Trainieren haben.

- **Nicht zu sehr auf eine Position versteifen**

  In den wenigsten Fällen hat ein Profi seine ganze Karriere lang auf derselben Position gespielt. Natürlich hat es auch Vorteile, ein Spezialist zu sein, aber lege dich nicht zu früh auf deine Position fest, sondern bleibe immer offen für Neues. Auf einer neuen Position kann man zumindest immer dazulernen, eine neue Perspektive auf das Spiel bekommen und es können Qualitäten zum Vorschein kommen, von denen man gar nichts wusste.

- **Es gibt kein Geheimnis**

  Oft wird nach einem geheimen Erfolgsschlüssel gesucht. Nach der einen Übung oder dem einen Trick, der den Unterschied macht Etwas, das die Profis, die es geschafft haben, anders gemacht haben. Aber die sind alle denselben Weg gegangen. Sie hatten die gleiche Leidenschaft für Fußball und hatten im Normalfall keine geheime Technik, die den Unterschied gemacht hat, sondern ähnliche Voraussetzungen. Der Weg, die Mittel und die Möglichkeiten sind alle da, du musst sie nur nutzen.

- **Nicht aufgeben**

  Ein simpler Spruch, aber er passt. Nicht aufgeben beim ersten Widerstand oder wenn es mal nicht so läuft, wie du es dir vorgestellt hast. Wenn du mit dem Trainer nicht klarkommst oder du kein Bein auf den Boden bekommst, heißt es trotzdem, dranbleiben, Lösungen finden oder, wenn es sein muss, auch mal einen Schritt zurück machen, um später wieder zwei nach vorn zu machen.

8.4 Eigenschaften, die dich als Fußballer weiterbringen

Vielen großen Talenten, die es nicht geschafft haben, ihr Potenzial abzurufen, wird oft nachgesagt, dass der Charakter für den Sport nicht stimmen würde oder die richtige Einstellung fehlt. Auch wenn so etwas aus der Ferne immer leicht gesagt ist, gibt es Fälle, wo es zutrifft. Fehlende Charaktereigenschaften können verhindern, die PS in den Beinen auch auf den Platz zu bringen. Schauen wir, was dir dabei helfen kann:

- **Du bist proaktiv**

  Dies gilt für Situationen auf und neben dem Spielfeld. In kleinen Situationen auf dem Platz, in denen du keine Angst vor Ballbesitz hast, dich im Spiel anbietest, den Ball forderst und dich nicht versteckst. Auch mal Verantwortung und eine Rolle auf dem Spielfeld übernehmen. Und in größeren Situationen, wenn es darum geht, vielleicht auf ein höheres Niveau zu kommen, durch einen Wechsel in eine höhere Liga.

- **Du investierst jeden Tag**

  Du musst „jeden Tag" hier nicht wörtlich nehmen. Aber Erfolg wird sich nur langfristig einstellen. Man wird beim Training auch schon mal kurzfristige Erfolge haben, aber wer auf lange Sicht in irgendeiner Disziplin zu den Besten gehören will, der muss länger als ein paar Wochen oder Monate dranbleiben. Nur wer sein regelmäßiges Training und seine Routine über viele Jahre aufrechterhält, wird auch zu den Besten gehören können.

- **Du lernst aus Fehlern, aber lässt sie hinter dir**

  Jeder macht Fehler. Wichtig ist, aus diesen zu lernen und sie dann auch hinter dir zu lassen. Beschäftige dich nicht mit der Vergangenheit und hadere nicht mit den Dingen, die du nicht mehr ändern kannst. Reflektiere die Situation, überlege, was du besser machen kannst, aber schaue dann auch wieder nach vorn und besinne dich auf deine Stärken.

- **Du hast realistische Ziele**

  Zum Profi schaffen es nur die allerwenigsten Fußballspieler. Und es mag schon stimmen, dass du dafür kein absolutes Ausnahmetalent sein musst. Aber die Spieler, die es trotz weniger Talent schaffen, sind dann erst recht eine Ausnahme. Manchmal braucht es auch ein wenig Glück, zur richtigen Zeit am richtigen Ort zu sein. Aber man muss auch kein Bundesligaprofi sein, um aus seiner Leidenschaft mehr als ein Hobby zu machen.

- **Du hast den richtigen Fokus**

  Es wird immer einen Spieler geben, der mehr Talent hat als du, und es wird immer irgendeine Sache geben, die irgendjemand besser kann als du. Fokussiere dich deswegen nicht zu sehr auf andere Spieler und was diese können. Vergleiche dich mit dir selbst. Mit dem, der du gestern warst und heute bist. Sei stolz darauf, wenn du dich verbessert hast und nimm es als Motivation, dranzubleiben. Gib außerdem nicht deinen Umständen die Schuld, wenn es mal nicht gut läuft. Egal, ob du denkst, dass deine Mannschaft zu schlecht ist oder dein Trainer nicht dein wahres Potenzial erkennt. Du kannst daran arbeiten, die Situation zu verbessern, oder du kannst sie verlassen.

- **Du gehst auch mal über deine Grenzen**

  Das geht natürlich nicht in jedem Training, aber ab und zu kann man auch mal über seine gefühlten Grenzen gehen. Eine Runde mehr laufen, noch mal einen Sprint anhängen, obwohl man nicht mehr kann, oder doch noch ein paar Freistöße schießen, obwohl das Training schon vorbei ist.

8.5 Wie mit Verletzungen und Rückschlägen umgehen

In jeder Karriere eines Sportlers wird es, auch mit der besten Prävention, zu Rückschlägen in Form einer Verletzung kommen. Ich hoffe, es wird keine schwere bei dir geben, aber auch eine kleinere Verletzung kann einen zurückwerfen. Ich selbst habe schon einige größere Rückschläge erleiden müssen, allen voran ein gebrochenes Bein bei einem Fußballspiel. Darum gebe ich hier die Tipps weiter, die aus meiner Erfahrung geholfen haben:

- **Pause machen**

  Klar, bei einer schwereren Verletzung bleibt dir oft nichts anderes übrig, aber es gibt auch Verletzungen, wo das Problem nicht direkt erkannt wird und man doch mal unvernünftig wird und über den Schmerz weiterspielt. Oft ist das der Fall bei Muskelverletzungen, die man so gern mal verschleppt oder noch schlimmer macht. Entwickle dafür ein Körpergefühl, das dir dabei hilft, zu erkennen, was geht und was nicht. Lass dich im Zweifel nicht zu sehr von deinen Emotionen leiten, wenn es gerade einfach zu viel Bock macht, um jetzt mit dem Spielen aufzuhören.

- **Erholung**

  Auch in der Rehabilitation brauchst du ein gutes Körpergefühl. Hier geht es darum, die Beweglichkeit und die Kraft wiederzubekommen. Es benötigt auch einiges an Disziplin, um selbstständig bei den therapeutischen Übungen dranzubleiben. Vor allem, da das nicht gerade die Übungen sind, die am meisten Spaß machen. Und wer von uns hat schon einen Physiotherapeuten, der einen ganz persönlich täglich unterstützt. Dabei hat es sich in der Rekonvaleszenz für mich immer gut angefühlt, regelmäßig einen Schritt weiterzugehen, um sich dann zwischen den kleinen Etappen wieder zu erholen.

- **Die mentale Seite**

  Die zwei vorherigen Punkte haben sich auf den körperlichen Aspekt bezogen. Ebenso wichtig ist aber auch der mentale Teil, um sich nicht von der Verletzung runterziehen zu lassen und in eine negative Spirale zu kommen.

- *Such dir Ablenkung*

  Vergiss für eine Zeit deinen Sport und konzentriere dich auf ein anderes Hobby oder sieh die Auszeit als eine Gelegenheit, etwas anderes zu machen oder etwas Neues zu lernen.

- *Konzentriere dich auf deinen Fortschritt*

  Denk nicht die ganze Zeit darüber nach, was du vorher konntest oder was dir noch alles fehlt, um wieder auf dein früheres Niveau zu kommen. Sammle kleine Erfolgserlebnisse, jedes Mal, wenn du wieder einen Schritt nach vorn gemacht hast.

- *Bleibe positiv*

  Klar, leichter gesagt als getan und auch Downphasen gehören natürlich dazu und lassen sich nicht unterdrücken. Pass aber auf, dass du dabei nicht in Selbstmitleid ertrinkst. Eine positive Einstellung kann dir helfen, schneller zurückzukommen.

- *Geduldig bleiben*

  Es wird Momente geben, in denen es verlockend ist, wieder mehr zu geben, als zu was du eigentlich in der Lage bist. Nicht zu früh zu viel wollen, um so die Verletzung nicht in die Länge zu ziehen, wäre hier der Rat. Speziell beim Fußball kann es bedeuten, dich erst langsam wieder an die typischen Fußballbewegungen wie intensive Richtungswechsel oder einen Schuss mit voller Kraft heranzutasten.

Körpergefühl

Kommen wir noch mal auf das oft angesprochene Körpergefühl zurück. Nutze diese Situationen und Erfahrungen ganz besonders, um aus ihnen zu lernen. Was hält dein Körper aus, was tut in welchen Situationen gut oder mit welchen Methoden kannst du dich zukünftig besser schützen?

8.6 Motivationstipps fürs Einzeltraining

In diesem Buch geht es sehr viel um eigenes, individuelles Training. Auch wenn man grundsätzlich motiviert ist, ist es nicht immer einfach dieses Training auch durchzuziehen. Vor allem, wenn man dies noch gar nicht gewohnt ist. Wenn man keinen Trainer hat oder keine Gruppe, die mitbekommt, was man macht, ist es oft einfach, Ausreden zu finden, das Training ausfallen zu lassen, zu verschieben oder zu verkürzen. Da ich selbst viele Jahre so trainiert habe, habe ich einige Erfahrungen gesammelt, die helfen können, dranzubleiben, und die ich hier als kurze Tipps teilen möchte:

- **Ziele setzen**

  Das können größere, übergeordnete sein wie vielleicht „Schneller werden“ oder „Stammspieler werden“, aber auch kleinere für jede Trainingseinheit. Beispielsweise eine bestimmte Quote beim Torschusstraining zu schaffen oder eine bestimmte Zeit beim Lauftraining zu unterbieten.

- **Training einteilen**

  Wenn du das Training abwechslungsreich gestaltest, wird es dir leichter fallen, länger dabei zu bleiben. Du kannst beispielsweise variieren zwischen technischen und physischen Übungen.

- **Trainingsgestaltung abwechseln**

  Im Normalfall teilt man sich das Training immer in Zeiten ein. Eine Stunde insgesamt, eine halbe Stunde dies, eine halbe Stunde jenes. Wer mal etwas Neues ausprobieren möchte, der schaut gar nicht auf die Uhr, sondern nimmt sich ein bestimmtes Ziel vor und bleibt so lange beim Training, bis er es erreicht hat. 100-mal jonglieren, 5 Bälle hintereinander an die Latte. Man darf kreativ werden und sich sinnvolle Ziele überlegen.

■ Kognitives Training

Wenn du abends im Bett liegst oder unterwegs in der Bahn bist, sind das gute Zeitpunkte, um zu visualisieren. Stelle dir vor, wie du bestimmte Techniken ausführst, wie du den Ball ganz genau triffst oder eine Bewegung durchführst. Es mag etwas esoterisch angehaucht klingen, aber positive Auswirkungen auf die tatsächliche Ausführung sind möglich.

■ Videos schauen

Schau dir vor dem Training Highlightvideos von deinen Vorbildern an oder Videos über die Themen, die du angehen möchtest.

■ Videos machen

Videos von sich selbst zu machen, kann nicht nur helfen bei der Analyse oder um besser zu verstehen, woran man arbeiten muss. Es macht Spaß und es ist motivierend, gute Aktionen von sich selbst zusammen zu schneiden und bei Gelegenheit anzuschauen.

Bonus: Freestyle

Willkommen zum Bonus-Kapitel. Ich hoffe, du hattest viel Spaß mit dem Buch und es konnte dich bei deiner Leidenschaft zum Fußball weiterbringen und unterstützen. Wenn du immer noch nicht genug von Fußball bekommen kannst und dich am liebsten auch abseits

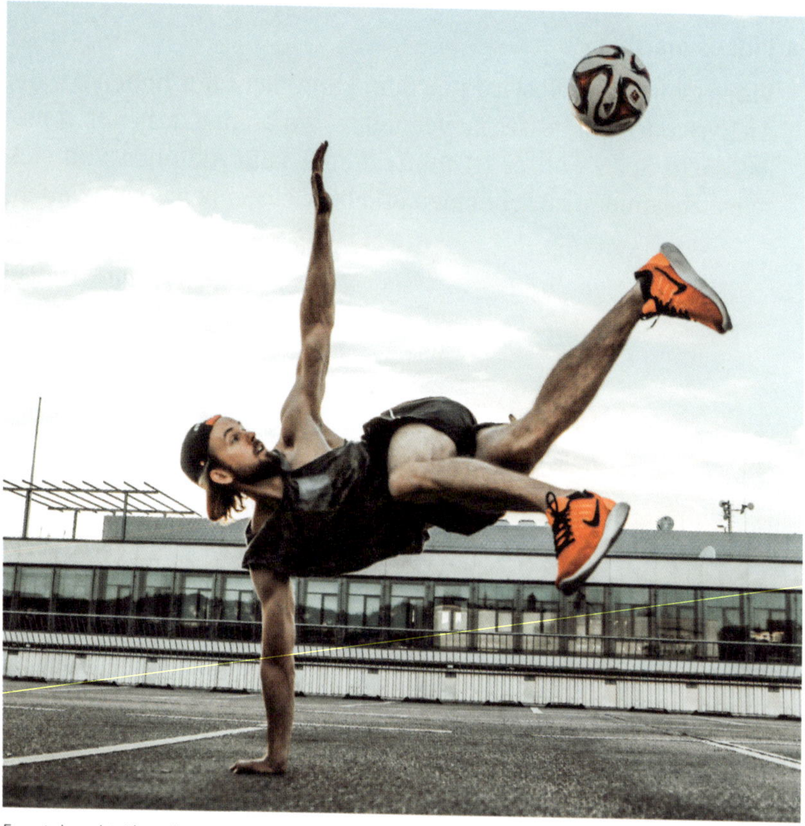

Freestyle geht überall

des Fußballplatzes noch weiterhin damit beschäftigen willst, habe ich die perfekte Ergänzung für dich. Als Fußball-Freestyle-Profi kann ich mir es natürlich nicht nehmen lassen, dir einige Freestyle-Tricks zu zeigen. Mittlerweile ist es nicht mehr nötig, groß zu erklären, was Fußball-Freestyle eigentlich bedeutet. War es früher hauptsächlich durch Werbe-Clips, sind die Fußball-Freestyler und ihre Tricks mittlerweile vor allem durch Social Media auf der ganzen Welt bekannt. Ich zeige dir fünf Tricks, die zu den bekanntesten Tricks gehören und meiner Meinung nach für Beginner einen guten Einstieg in die Welt des Freestyles ermöglichen.

Around the World

Der Around the World (ATW) ist bestimmt der bekannteste Freestyle-Trick überhaupt. Einige Jahre vor meiner Freestyle-Karriere habe ich diesen Trick gelernt, nachdem ich ihn in einer Nike-Werbung von Edgar Davids gesehen und direkt den ganzen Abend geübt habe.

Beim ATW spielst du den Ball mit dem Fuß hoch, umrundest ihn einmal mit dem Fuß und fängst ihn wieder auf oder jonglierst weiter, ohne dass der Ball auf den Boden fällt.

Darauf gilt es zu achten:

- Die Bewegung kommt aus der Hüfte. Führe das Bein gerade nach oben.
- Das Kniegelenk bleibt während der Umrundung möglichst in einem 90-Grad-Winkel. Vermeide es, das Bein auszustrecken.
- Der Ball sollte eine Höhe von etwas über deinem Knie erreichen.

Für die benötigte Geschwindigkeit und das Timing kannst du diese Vorübung machen:

- Statt ihn selbst mit dem Fuß hochzuspielen, lasse den Ball einmal auf den Boden springen, bevor du die Umrundung machst. Das kannst du auch aus dem Jonglieren machen.

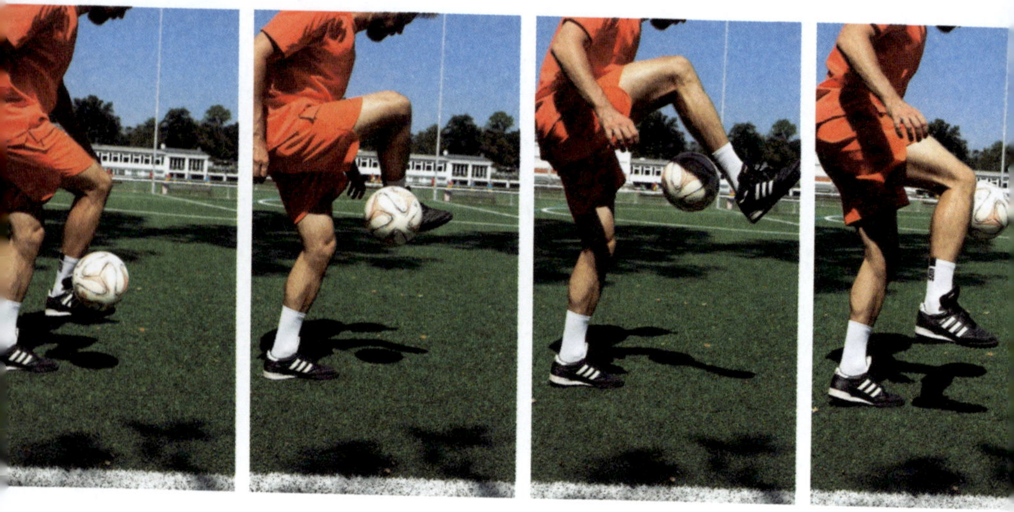

Das nötige Gefühl kannst du so üben:

- Den Ball einmal aufspringen lassen, hochspielen, zur Hälfte umrunden und den Fuß wieder auf den Boden bringen. Benutze dabei die Außenseite des Fußes und drehe den Ball so leicht an. Das Hochspielen und das Umrunden finden in einer Bewegung statt. Was wichtig ist für den ATW und dabei geübt wird, ist, das richtige Gefühl und die Stärke beim Hochspielen zu bekommen.

Neck Stall

Der Neck Stall steht wie kein anderer Trick beispielhaft für Freestyle. Neck Stall ist ein englischer Begriff und bedeutet, den Ball im Nacken zu balancieren bzw. festzuhalten. Da man ihn auch ohne jegliches Gefühl in den Füßen machen kann, entfernt er sich thematisch vom klassischen Fußball. Auch er ist sehr bekannt und man kann ihn schnell ausführen. Beim Freestyle ist der Style sehr wichtig. Wenn du also lernst, den Ball im Nacken zu balancieren, achte darauf:

- Die Füße stehen etwa schulterbreit auseinander. Du bist locker in den Beinen und die Knie können leicht gebeugt sein.

- Brust raus, Schultern zurück!
- Mit dem Oberkörper beugst du dich nach vorn. Knicke dabei in der Hüfte ein. Der Rücken bleibt dabei immer gerade. Um dies zu unterstützen, kann es helfen, den Po rauszustrecken.
- Nimm dabei den Kopf nach oben und gucke gerade nach vorn.

In dieser Position legst du dir den Ball in den Nacken bzw. so, dass er zwischen deinen Schulterblättern liegen bleibt.

Die Kunst besteht darin, den Ball so aus der Luft zu fangen, dass er in dieser Position liegen bleibt.

Wirf dafür den Ball in aufrechter Position möglichst kurz und gerade über deinen Kopf. Schaue den Ball, während er herunterfliegt, möglichst lange an und gehe erst im letzten Moment mit dem Ball und dem Oberkörper nach unten mit. Stelle dir das vor wie beim Fangen eines rohen Eies. Gehe die Bewegung mit und federe so die Aufprallenergie ab, wenn der Ball an der richtigen Stelle auf dem Rücken landet.

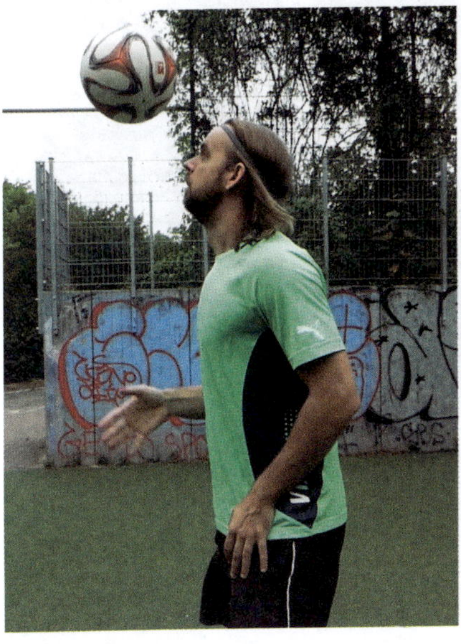

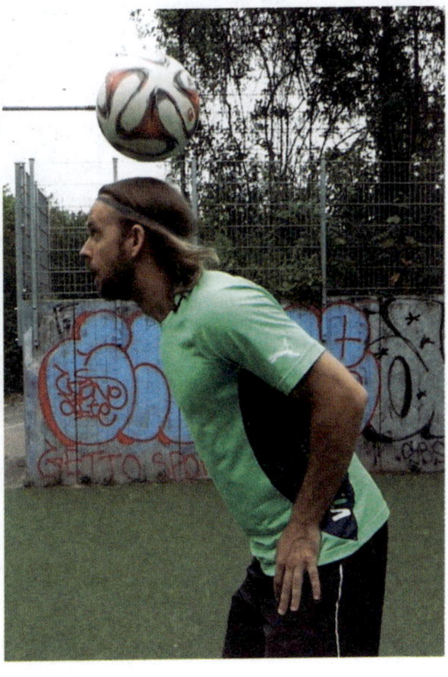

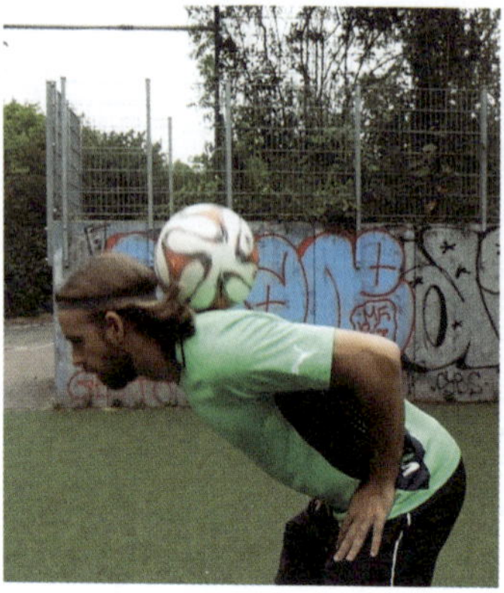

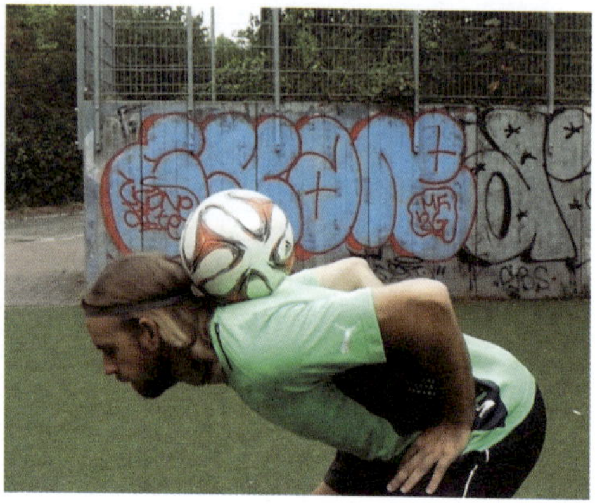

Knee Catch Combo

Ein einfacher Trick, verbunden mit einer kleinen Kombination, die man sehr schnell lernen kann und von der man ausgehend seine Freestyle-Skills erweitern kann. Und so startest du:

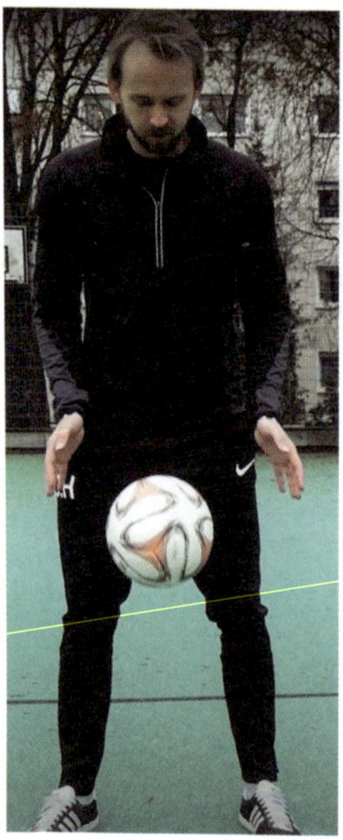

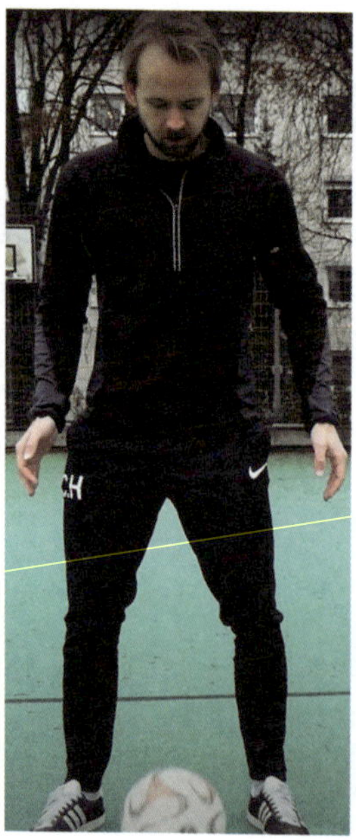

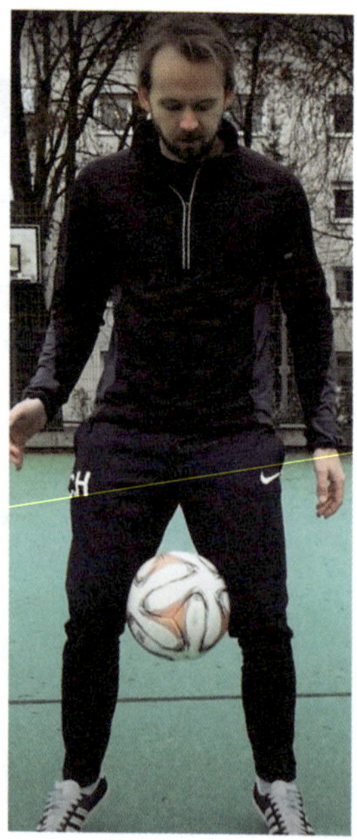

- Du stehst wieder mit den Füßen etwa schulterbreit auseinander.
- Halte den Ball etwa auf Hüfthöhe vor dem Körper.
- Lasse den Ball zwischen deinen Füßen auf den Boden fallen.
- Variiere etwas mit der Höhe und der richtigen Position, von wo du den Ball fallen lässt. So, dass er beim Hochkommen möglichst genau zwischen deine Knie kommt und du mit diesen nur noch zupacken musst und den Ball dann zwischen diesen festhältst.

Diesen Trick wirst du sehr schnell nachmachen können. Wenn der Ball zwischen den Knien ist, geht es weiter. Als Nächstes muss der Ball zwischen die Füße:

- Mit dem schwachen Bein bleibst du dabei immer auf dem Boden stehen.
- Mit dem starken Bein gehst du zur Seite, sodass der Ball runterfällt.
- Dann klappst du mit den Beinen wieder zusammen und klemmst den Ball zwischen den Füßen bzw. den Knöcheln ein.

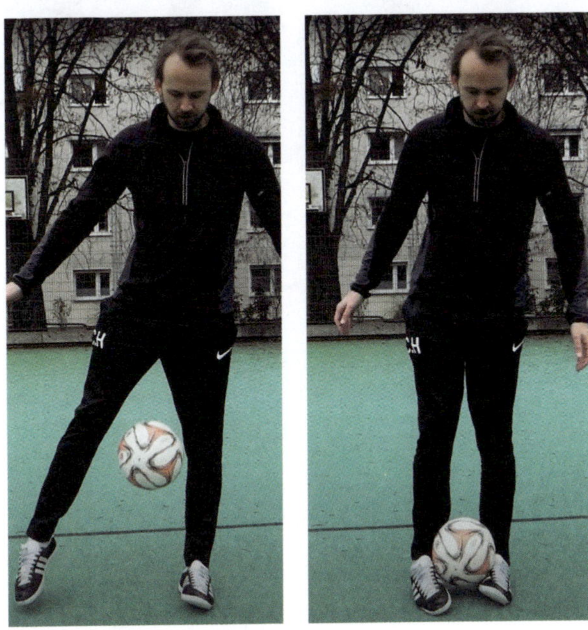

Das klingt relativ simpel. Probiere es ein paar Mal aus, bis es gut klappt.

Um die Kombination abzuschließen und den Ball wieder in die Hände zu bekommen, machst du Folgendes:

- Springe mit beiden Füßen gleichzeitig ab und lasse den Ball in der Luft los!

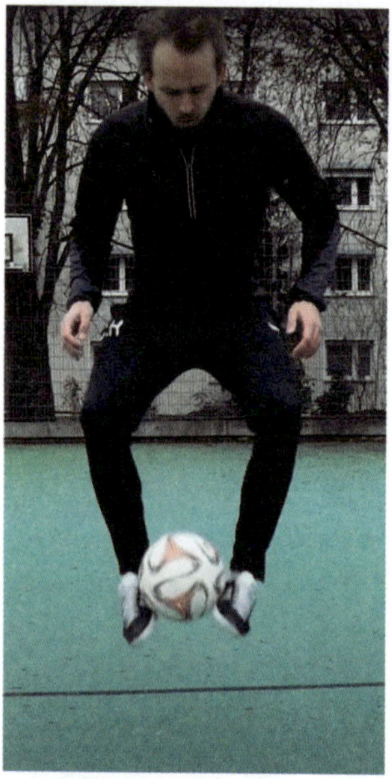
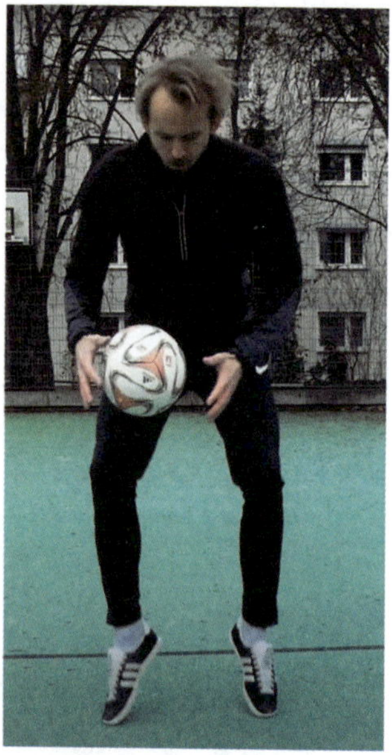

360 Turn

Der letzte Trick der vorangegangenen Kombination war ein Flick-up in der einfachsten Variante. Flick-ups sind Tricks, bei denen du den Ball vom Boden hochnimmst. Hier kommt eine anspruchsvollere Variante, um die Kombination von davor abzuschließen:

- Den Ball hast du zwischen den Füßen auf dem Boden eingeklemmt.
- Dein schwacher Fuß wird während des Tricks immer auf dem Boden bleiben.

- Nimm erst etwas Schwung und drehe dich dann um deinen schwachen Fuß herum.
- Wenn du dich ungefähr bis zur Hälfte gedreht hast, ziehst du deinen starken Fuß hinten nach oben.
- Der Ball wird dabei am Standbein hochgezogen. Drehe dich dann zu Ende und jongliere ihn danach weiter.

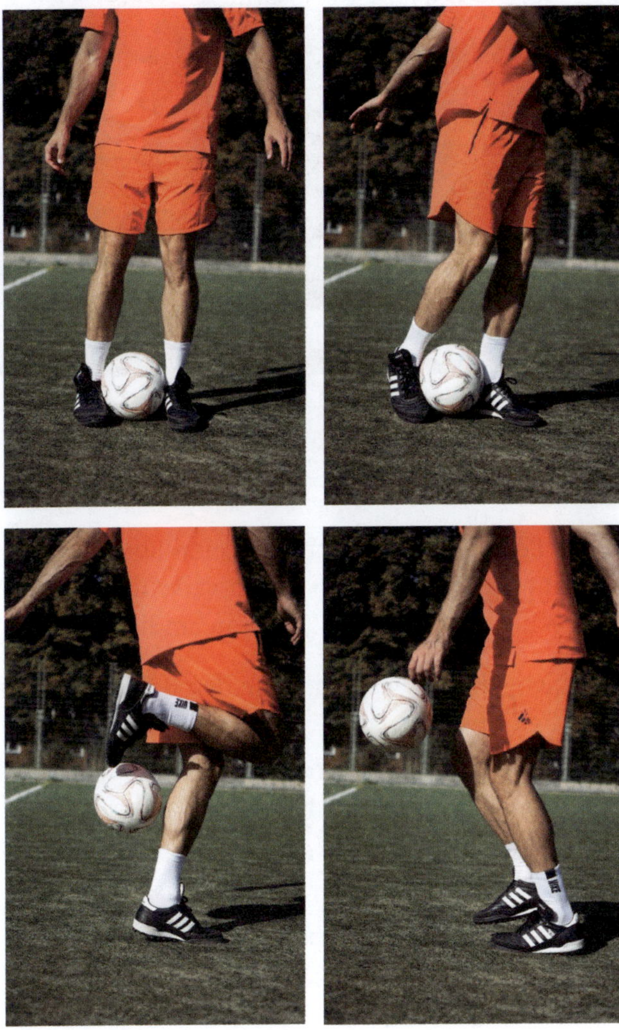

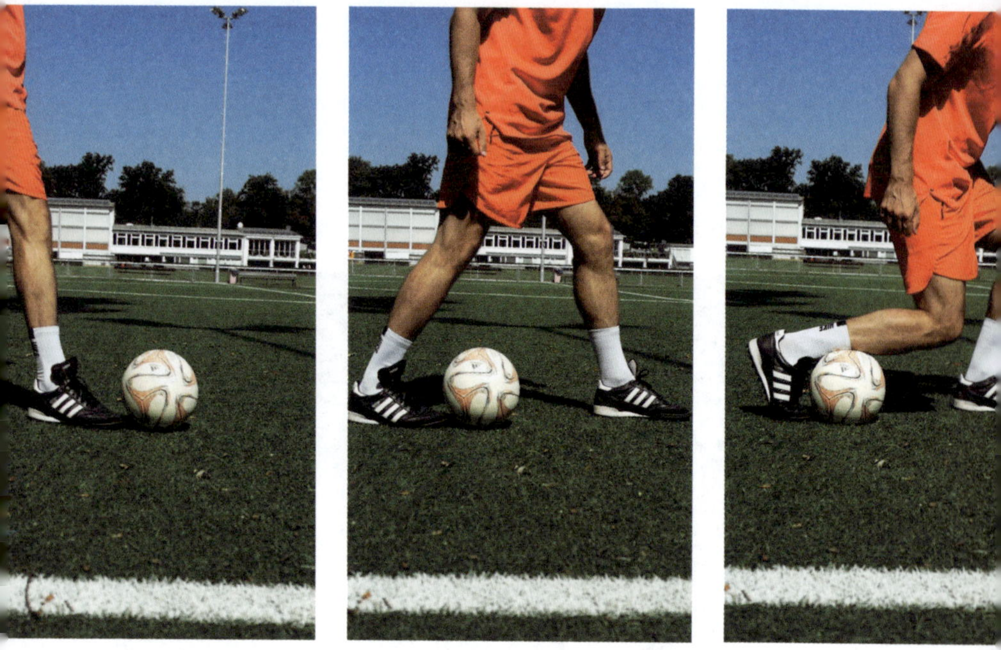

Push Pop

„Push Pop“ nenne ich einen weiteren Flick-up-Trick, der auch sehr bekannt ist und den es in vielen verschiedenen Varianten gibt. So habe ich ihn gelernt und führe ihn am liebsten aus:

- Schiebe deinen Fuß so nah an den Ball wie möglich, ohne diesen zu berühren.
- Mache dann einen Schritt nach vorn und drücke dein Schienbein auf den Ball, sodass es fast waagrecht ist.
- Die Fußspitze bleibt dabei auf derselben Stelle und die Ferse hebt sich an.
- Ziehe dann das Schienbein mit Kraft zurück, wie wenn du nach hinten trittst.

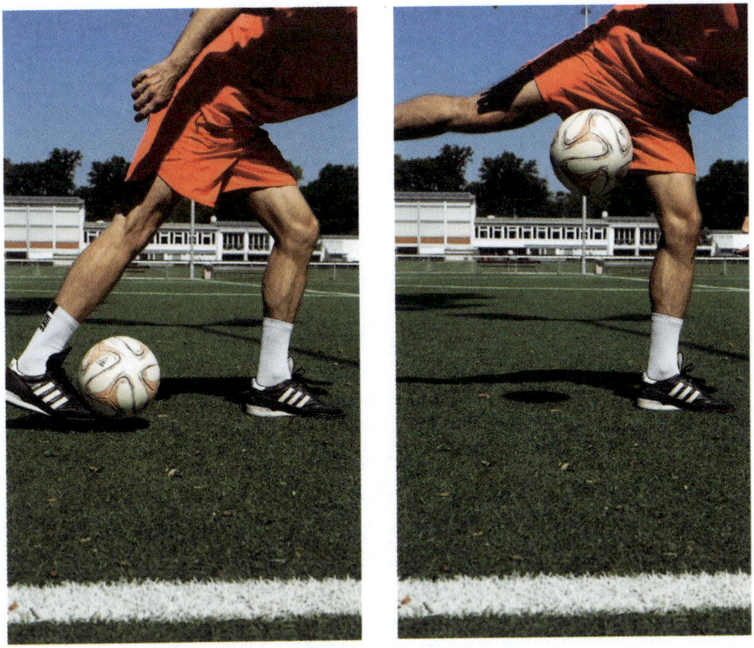

Dieser Trick wird etwas Übung brauchen, bis du es wirklich schaffst, dass der Ball nennenswert nach oben fliegt. Aber lass dich nicht entmutigen, beim Freestyle braucht man viel Geduld.